W
P
P

Work longer

Private pensions

Public pensions

谷内陽一 著

シン・年金受給戦略

中央経済社

はじめに

　現代のプロ野球は，エース級の投手が最後まで投げ切る「完投型」ではなく，先発・中継ぎ・抑えの分業による「継投型」が主流です。盤石な投手陣を構築することがペナントレースを制覇する大きな鍵となることは，ここ10年から15年の間に優勝したチームの陣容を見れば一目瞭然です。

　これは，老後生活にも同じことが言えます。公的年金のみを当てにして「これだけでは生活できない」と嘆くのも，公的年金を無視して「これからは投資だ，資産運用だ」と傾倒するのも，どちらも的外れかつ非現実的です。人生100年時代という「いつ終わるかわからない試合」に万全の状態で臨むためには，エースや4番打者のみに頼るのではなく，ベンチ入りしているすべての選手（制度）を総動員するという発想の転換が求められます。

　著者は，2018年10月開催の「第38回日本年金学会 総会・研究発表会」において，公的年金と私的年金の新たな役割分担のあり方として，就労延長（Work longer），私的年金等（Private pensions），公的年金（Public pensions）の三者による継投で備える「WPPモデル」を提唱しました。本書は，WPPモデルを個人の老後生活設計にどう活用するかを解説するとともに，そのために必要な基礎知識である，公的年金・私的年金等の受取方法および税制などの「出口戦略」に焦点を当てて解説しています。

　引退間近の高齢世代の方や，老後資産形成に関心のある現役世代の方はもちろん，社会保険労務士やファイナンシャル・プランナー（FP）などの専門家，企業年金業務に携わる企業の総務・人事担当者や年金基金の役職員などの実務家，そして金融機関に勤めるあらゆる実務担当者にとって，本書の内容が少しでもお役に立てば幸いです。

　2022年11月

谷内　陽一

も　く　じ

第1章

就労・私的年金・公的年金の継投策
「WPP」とは何か

―― 理 論 編 ――

1 なぜ「老後」に不安を感じるのか

　老後生活や公的年金制度について新聞・雑誌・テレビ等のマスメディアが取り上げる際は，たいてい「公的年金はいずれ破綻する」「でも資産運用は難しい」「そもそも貯蓄する余裕なんてない」など，悲観的に報じられるのが世の常です。

　しかし，老後の不安は今に始まった話ではなく，実は数十年も前からずっと言われてきました。金融広報中央委員会「家計の金融行動に関する世論調査」や生命保険文化センター「生活保障に関する調査」によると，「老後の生活が心配である」あるいは「老後に不安を感じる」と回答した人の割合は，一貫して80％前後の水準で推移しています（図表1−1）。

図表1−1　老後生活に不安を感じる者の割合

	金融広報中央委員会[※1]	生命保険文化センター[※2]
1998	81.2%	79.9%
2001	78.1%	80.9%
2004	81.8%	83.3%
2007	81.4%	84.6%
2010	81.7%	85.8%
2013	81.6%	86.0%
2016	83.4%	85.7%
2019	81.2%	84.4%
2022	77.0%[※3]	82.2%

※1　金融広報中央委員会の調査は，「非常に心配である」および「多少心配である」と回答した者の合計値。
※2　生命保険文化センターの調査は，「非常に不安を感じる」，「不安を感じる」および「少し不安を感じる」と回答した者の合計値。
※3　2021年時点の数値。
（出所）　金融広報中央委員会「家計の金融行動に関する世論調査」各年版
　　　　　生命保険文化センター「生活保障に関する調査」各年版

それにしても，人間はなぜ「老後」にかくも不安を感じるのでしょうか。その理由には次の3点があります。

- **誰も経験したことがない**
- **マスメディア・専門家は悪いニュースしか取り上げない**
- **年金をめぐる社会・経済環境が大きく変わった**

(1)　誰も経験したことがない

老後に限った話ではありませんが，**未経験のことに不安を感じるのは人間ならごく当たり前の現象**です。これは，人類の進化の過程において，危険をすばやく察知して逃れるために身に付けた本能です。ましてや老後は，一生に一度きり，それも人生の終盤でしか経験できないため，野球やゴルフのように「本番前に何度も練習して試行錯誤を重ねる」ことはできません。

また，人間は不平・不満がある時は声を大にして主張するものの，「満足している」あるいは「それなりに上手くいっている」ときは，わざわざ声を上げたりしないものです。そのため，老後や老後生活にまつわる言説は，**結果として不安論や悲観論ばかりが世の中に溢れる**こととなります。

(2)　マスメディア・専門家は悪いニュースしか取り上げない

前述のとおり，人間は物事のポジティブな面よりもネガティブな面に本能的に注目してしまいます。そのため，マスメディアの報道姿勢も，世間の注目を集めて購読部数や視聴率を伸ばすには，**良いニュースよりも悪いニュースを報じることに軸足を置く**こととなり，結果として不安を煽ることが常態化しています。例えば，為替相場が円高になったら「輸出産業に打撃」と報じる一方で，円安になったら「輸出産業にとって好機」ではなく「輸入産業に打撃」と報じるのは，まさしくその典型です。

また，マスメディアにとって政府・与党は「権力者」という批判対象な

9

ので，どんな政策だろうが叩くのが基本姿勢です。そのため，公的年金も
その煽りを受けて不当に批判される傾向にあります。これに対して私的年
金（企業年金・個人年金）は，企業や金融機関などマスメディアの大口の
広告主が運営しているせいか，よほど大きな社会問題にならない限りは公
的年金ほど批判の対象にはなりません。

　さらに，マスメディアに登場する著名な専門家（学者・評論家等）も，
悲観論あるいは事後指摘に終始することがほとんどです。悲観論は，論者
を知的かつ冷静に見せるうえに，事態が悪化すれば「私が予見したとおり
だ」と威張ることができ，逆に事態が好転すれば「私が警鐘を鳴らした最
悪の事態は免れた」と胸を張ることができるという，論者にとっては実に
好都合なものだからです。

⑶　年金をめぐる社会・経済環境が大きく変わった

　前述の⑴および⑵の要因は，危機に敏感に反応する人間の本能に基づく
ものです。外敵や天変地異から身を守る必要があった太古の昔であれば，
立ち止まって熟考するよりも直感で即行動するほうが合理的だったかもし
れません。

　しかし，現代においていまだに直感だけで行動するのは，情報（あるい
は情報を発信する者）に振り回されるのが関の山です。文明が高度に発達
した現代社会では，本能の赴くままに不安視するのではなく，知識や理性
をもって「正しく恐れる」ことが重要です。

　そして，正しく恐れながら老後生活に備えるためには，年金をめぐるこ
こ20年から30年にかけての社会・経済環境の変化を正しく認識しておく必
要があります。それはどのようなことか。次ページ以降で説明します。

2 老後生活は完投型から「WPP（継投型）」へ

(1)　かつては「完投（上乗せ）型」が理想だったが……

会社員の老後生活というと，かつては，

---

①　60歳で定年退職する

②　定年時に退職金を受け取る

③　公的年金を60歳から受け取り始める

④　私的年金（企業年金・個人年金）も60歳から受け取り始める

というスタイルが主流でした。このスタイルでは，公的年金だけでなく私的年金も「終身」で備えることが理想とされており，本書ではこれを「完投型」あるいは「上乗せ型」と称することにします。

しかし，社会・経済環境の変化により，完投型・上乗せ型を実現するための前提条件が崩壊しつつあります。最大の要因は，長きにわたる景気低迷と少子・高齢化です。景気低迷に伴う低金利・マイナス金利環境の常態化や，長寿化に伴う死亡率の改善によって，**私的年金では終身給付（終身年金）の提供が困難な環境**になりました。企業年金では予定利率や給付利率の引下げが相次いでいるほか，個人年金では予定利率の引下げだけでなく販売そのものを停止する事態にも見舞われています。

また，わが国の私的年金は，終身年金ではなく有期年金・確定年金が主流となっています。さらに，企業年金ではそもそも年金ではなく一時金での受取りが広く選択されている実態があります。

いずれにせよ，従来の完投（上乗せ）型による公私年金の役割分担は，もはや機能不全に陥っていると言っても過言ではありません。

11

⑵ これからは完投型から「WPP（継投型）」へ

　そこで本書では，わが国における私的年金の給付実態を踏まえつつ，公的年金と私的年金の双方で老後所得を確保するための新たな方策を提唱します。

　具体的には，完投（上乗せ）型のように公的年金も私的年金も終身で備えるのではなく，①まず働けるうちはなるべく長く働く，②公的年金は繰下げ受給を活用して終身の厚みを増す，そして，③就労引退から公的年金の受給開始までの間を私的年金や貯蓄等でつなぐ，というスタイルです。

　このように，①就労延長（Work longer），②私的年金等（Private pensions），③公的年金（Public pensions）の三者を活用したスタイルを，本書では継投型モデルあるいは三者の頭文字をとってWPPモデルと称します。

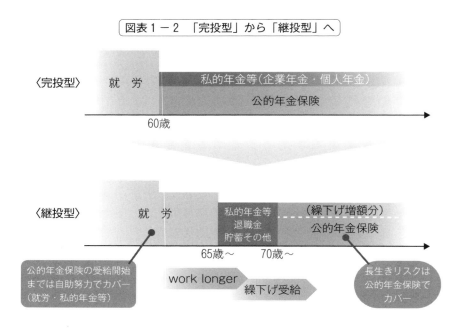

図表 1 - 2　「完投型」から「継投型」へ

3　これがWPPモデルだ

(1)　WPP（継投型）モデルとは

　WPPモデルによる継投策の基本形は，先発，中継ぎ，抑えの3つの柱から成り立ちます。そして，この3つそれぞれに対応するのが，「就労延長（Work Longer）」，「私的年金等（Private pensions）」，「公的年金（Public pensions）」です。

> ● **先発（スターター）**　　　：就労延長（Work longer）
> ● **中継ぎ（セットアップ）**：私的年金等（Private pensions）
> ● **抑え（クローザー）**　　　：公的年金（Public pensions）

【先発（スターター）】就労延長（Work longer）

　就労延長とは，文字どおり「就労する期間を延ばすこと」であり，働けるうちはなるべく長く働くというものです。

　わが国では現在，「生涯現役社会」を実現するべく，雇用・労働法制の改正が相次いで行われています。高齢者が年齢にかかわらず意欲と能力に応じて働ける環境が整備されつつあることは，就労延長を行ううえでは大きな追い風となっています。

【中継ぎ（セットアップ）】私的年金等（Private pensions）

　次に，私的年金等が野球における「中継ぎ」，それも**勝ちパターンで登板する「セットアップ」**として，就労引退から公的年金の受給開始までの間をつなぐ役割を担います。

　なお，WPPモデルにおける私的年金等は，企業保障（退職一時金・企業年金などの退職給付制度）や個人保障（貯蓄・個人年金などの自助努力手段）など，**さまざまな制度・金融商品を総動員**します。これは，野球における「中継ぎ」も，1人の投手だけでなく**複数の投手（中継ぎ陣）**を起用することと同じです。

確定給付企業年金　　　企業型DC　　　　退職一時金　　　　iDeCo

つみたてNISA　　　国民年金基金　　　個人年金保険

【抑え（クローザー）】公的年金（Public pensions）

　最後に，公的年金が野球における抑えの切り札（クローザー）として，人生の終盤を締めくくる役割を担います。

　公的年金の最大の機能は終身給付（終身年金），すなわち，一度受け取り始めたら亡くなるまで受け取ることができる点にあります。これは，人生という「いつ終わるかわからない試合」の終盤を任せるリリーフエースにとっては欠かせない機能です。

　また，わが国の公的年金には，**受給開始年齢を65歳よりも遅らせることで年金額が増加する「繰下げ受給」**というしくみがあり，これを活用することで終身給付の厚みをさらに増すことができます。受給開始時期を柔軟に選ぶことができ，かつ増額された年金額を終身にわたり受け取ることができる繰下げ受給は，いわゆる「人生100年時代」では実に有効な選択肢です。

(2)　WPP（継投型）モデルがもたらす効果

　WPPモデルの考え方自体は，実は特段目新しいものではありません。わが国では，退職から公的年金の受給開始までの間に私的年金を活用することを「つなぎ年金」と称しますし，同様の主張は過去にもさまざまな研究者が提唱してきました。

　しかし，WPPは，**私的年金等による中継ぎに「就労延長」と「公的年金の繰下げ受給」**を組み合わせることで，私たちの老後生活をより盤石なものにする効果があります。その効果とは，次の4つです。

①　就労延長の効果〜さまざまな面で老後収入の増加に寄与〜

　就労延長のメリットとして，**資産運用とは異なり収入が確実に得られる**

ことがまず挙げられます。就労延長により引退時期を1年先延ばしにすると，引退後に向けた準備期間が1年長くなり，かつ引退後の期間も1年短くなります。就労延長は，老後資金準備にとって**二重の意味でプラス（準備期間の延長＆取崩し期間の短縮）**になります。

さらに，会社員として就労する場合，勤務先が厚生年金保険の適用事業所あるいは企業年金の実施事業所であれば，そこでの勤続期間は公的年金の被保険者期間や企業年金の加入者期間に算入されるため，**将来の公的年金・企業年金の増加**が期待できます。

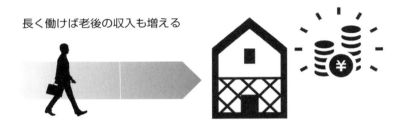

長く働けば老後の収入も増える

② 公的年金の効果～終身給付は公的年金保険が最も効率的～

先ほど「公的年金の最大の機能は終身給付（終身年金）である」と述べましたが，じつは，**終身給付は私的年金よりも公的年金で提供するほうが効率的**なのです。

終身給付は，「不幸にして早期に亡くなった方」の給付原資を「想定以上に長生きしている方」へ移転するという**加入集団内でのリスク移転を行う前提で制度が設計されています。そのため，長生きする自信のある方がこぞって加入してくる可能性の高い私的年金よりも，長生きする方もそうでない方もまとめて強制加入させる公的年金のほうが，効率的（同じ年金額なら保険料が低額 or 同じ保険料なら年金額が高額）な終身給付の提供が可能なのです。終身給付という機能を有する公的年金は，**老後のための単なる貯蓄ではなく，国民全体で長生きリスクに備える「保険」**なのです。

これは，貯蓄や資産運用では逆立ちしても真似できない機能です。

　余談ですが，「長生きリスク」という言葉を使うと「長生きはめでたいことなのにリスクとは何事か！」とご立腹する方を稀に見かけます。もちろんそのような意図はなく，長生きすること自体は非常に喜ばしいことです。本書では，**長生きすることで生活資金が枯渇してしまうかもしれないリスク**という意味で長生きリスクという言葉を用いますので，ご承知おきください。

選手（国民）全員でリスクに備える！

③　私的年金等の効果〜自助努力の「目標」が明確になる〜

　WPPモデルでは，「先発」の役割を就労延長が，「抑え」の役割を公的年金がそれぞれ担うため，私的年金等による**自助努力の範囲や目標が明確化**するのも大きなメリットです。

　自助努力による資産運用や資産形成が喧伝されるようになって久しいですが，自助努力で老後に備えるうえでの最大のハードルは，老後になって自分が「いつ死ぬか」あるいは「いつまで生きるか」を正確に予見するのが困難なため，いくら準備すればよいのかが不明な点にあります。「老後生活に数千万円が必要」と言われてもその金額の高さに意気消沈するだけですし，仮に数千万円を準備できたとしてもそれで事足りる保証はありません。

　しかし，自助努力で備えるべき範囲が**就労引退から公的年金を受給開始**

するまで（5～10年程度）と明確になれば，具体的に準備すべき金額が見えてくるため，目標意識を持った備えが可能となります。さらに，5～10年程度の備えであれば，有期（確定）給付あるいは一時金が主体となっているわが国の私的年金でも対応が容易になります。

自助努力で備えるべき目標が明確になる！

④　WPPの効果～柔軟かつ多種多様な「継投」が可能～

　WPPモデルは野球の「継投」に例えられますが，野球の継投策にはワンポイント（1人の打者だけに投げること）やロングリリーフ（長いイニングを投げること）などさまざまな手法があるように，WPPモデルも，就労・私的年金等・公的年金の組合せは多種多様なパターンが考えられます。

　また，WPPのうち真ん中のP，すなわち私的年金等の「中継ぎ陣」も，企業年金・個人年金・退職金・貯蓄・NISAなど，退職給付制度や金融商品の組合せも多種多様です。詳細は第2章（⇒37ページ以降）で解説します。

　そして，野球の継投策がイニング数・球数や相手打者の状況を見ながら投手交代のタイミングを決定できるように，WPPモデルも個々人のライフプランに応じて継投の順番・組合せ・タイミングを自由に決定できるという柔軟性の高いしくみとなっています。

(3)　WPPモデルにも課題はある!?

　これまで述べたとおり，少子高齢化や低金利・マイナス金利などの環境変化に見舞われている現代社会において，WPPモデルは「人生100年時代」に備えるうえで有効な手法だと著者は考えます。

　しかし，世の中に完全無欠なものがないのと同様に，**WPPモデルもまた決して完全無欠ではありません。**人によっては，WPPモデルに次のような不安を感じる方もいるのではないでしょうか。

①　就労延長の課題〜働き口はあるのか，いつまで働けるのか〜

　「働けるうちはなるべく長く働こう」と主張すると，決まって「働き口なんてそんな簡単には見つからない！」だの「死ぬまで働かせる気か！」さらには「公的年金の破綻をごまかす政府の陰謀だ！」などという批判を浴びます。また，働きたくても事情があって働けない方や，働くこと自体に苦痛を感じる方もいらっしゃるので，正面きって「働けるうちは働け」と主張しづらい面もあります。

　しかし，15〜16ページでも述べたとおり，高齢期も長く働くことは，さまざまな面で老後収入の増加にプラスに作用します。また，高齢期は現役期と同じような働き方をする必要は必ずしもありません（詳細は，第3章（⇒77ページ以降）で解説します）。

②　私的年金等の課題〜投資や資産運用は敷居が高い!?〜

　近年，「公的年金だけでは心もとないから，自助努力で備えなければ！」と考える方は増えています。金融機関や金融の専門家からの，金融商品・サービスを利用して「資産寿命を延ばそう」という提案が近年増えています。こうした風潮を受けて，マネー雑誌を買い漁ったり，金融機関に相談しに出かけようとする気の早い方もいるかもしれません。

しかし，**投資や資産運用には価格変動などの不確実性がつきもの**です。また，高齢になればなるほど，資産管理に係る判断・認知能力の低下という新たな問題が生じます。そんな中，老後に向けてどのように準備すればよいのでしょうか。

　もしあなたが会社員や公務員ならば，まずは**勤務先にある制度をフル活用**するところから始めましょう。最初にチェックすべきは，退職金（退職一時金）や企業年金などの「退職給付制度」です。また，勤務先が窓口となって加入する制度・商品（財形年金貯蓄，団体年金保険，拠出型企業年金保険など）の有無を確認しましょう。これらの制度・商品は，個人消費者向けのものよりも手数料やサービスの面で優遇されているのが一般的です。

　次に，そもそも勤務先に何の制度もない（or 制度はあるが不十分）会社員や自営業・フリーランスの方は，**税制優遇が手厚い制度・商品を活用**するところから始めましょう。わが国ではここ10年の間に，税制優遇の手厚い資産形成手段が相次いで創設・拡充されています。また，自営業・フリーランスなど公的年金が1階部分（国民年金）のみの方には，国民年金に上乗せして備えるための制度が複数準備されています。

　私的年金（企業年金・個人年金）および各種資産形成手段の概要は第2章（⇒37ページ以降）で，私的年金の受取り方（年金・一時金）のポイントは第5章（⇒119ページ以降）でそれぞれ詳しく解説します。

③　公的年金の課題〜そもそも公的年金は当てになるのか〜

　公的年金については，マスメディアや専門家が「年金額が2〜3割も減らされる」だの「支給開始年齢が75歳以上に引き上げられる」だの「少子高齢化でいずれ破綻する」だのといたずらに不安をあおるため，制度に不安・不信を抱いている人が非常に多いのが現状です。

　しかしながら，**日本の公的年金はよくよく考えて作られた制度**であり，

制度そのものが破綻することはあり得ません。また，今後の少子高齢化の影響等により年金額が減額される可能性はありますが，それでも，老後の生活設計の大幅な見直しを迫られるほどの極端な減額は，現時点では見込まれていません。

　繰り返しになりますが，公的年金の最大の機能は「終身給付」であり，私的年金や貯蓄・資産運用で終身給付を肩代わりするのは大変困難です。公的年金は，それだけで老後生活のすべてをまかなうのは難しいかもしれませんが，老後生活の「土台」には十分なり得ます。老後生活設計を考えるうえでは，公的年金でカバーできることとできないことを認識しておくことが重要です。

　公的年金の概要は第 2 章（⇒36ページ以降）で，公的年金の受取り方（繰上げ・繰下げ）のポイントは第 4 章（⇒89ページ以降）でそれぞれ解説します。

④　WPPの課題〜手元資金を減らす「合理的判断」は可能か〜

　WPPモデルの「公的年金の受給開始をできるだけ先延ばしにし，それまでの間を就労延長と私的年金等でまかなう」という基本戦略は，終身給付の厚みを増やすためには合理的な方法ですが，手元にあるお金を先に取り崩すことへの恐怖は，おそらく多くの方が感じることでしょう。

　また，WPPモデルは，18ページでも述べたとおり，個々人のライフプランに応じて柔軟に設計できる点が大きなメリットですが，一方で，「いつ就労を辞めるか」あるいは「いつ公的年金の受給を開始するか」という判断を下すためには，多くの情報およびリテラシーが欠かせません。

　WPPモデルを実行に移すためには，「公的年金を繰下げ受給するために敢えて手元資金を先に取り崩す」という意思決定をサポートするための適切な情報提供，シミュレーション，あるいは信頼できる専門家の存在が欠かせません。詳細は，第 6 章（⇒139ページ以降）で詳しく解説します。

4 野球も老後も「時代」とともに変わる！

(1) 野球は完投型から「継投型」へと変貌

　昔のやり方（完投型・上乗せ型）から新しいやり方（継投型）へ転換する時は，昔のやり方に馴染んだ方々から必ず批判が出てきます。しかし，昔のやり方が通用しなくなりつつある以上，「今」を生きる私たちは，時代に即した新しいやり方を模索する必要があります。

　時代とともに変わり行くのは，野球も同じです。昭和の時代の野球といえば，下図のスタイルが主流でした。とりわけ，「投手はエースが先発完投してナンボ」という風潮は，高校野球では現在もなお根強く残っています。

〈昭和の時代の野球〉

①　投　　手：先発完投が至上

②　野　　手：先発メンバー（レギュラー）が最後まで出場

③　守　　備：三塁手（または一塁手）が花形

④　采　　配：精神野球＆勝負勘を重視

　しかし，現代の野球は，次のとおり変貌を遂げています。

┌───┐
〈現代の野球〉
① 投　　手：先発・中継ぎ・抑えの分業制
② 野　　手：役割が細分化（代打・代走・守備固め etc）
③ 守　　備：センターライン（捕手・二塁手・遊撃手・中堅手）重視
④ 采　　配：管理野球＆データ重視

└───┘

　オールドファンの中には，このような変化を嘆く方も一部にいます。しかし，それによってわが国では野球の人気は失墜したのでしょうか。いや，失墜するどころか，野球は現在もなお主要な人気スポーツの１つとして君臨し続けています。

　なお，オールドファンが称える「古き良き野球」の典型例として，プロ野球でＶ９（1965〜73年まで９年連続日本一）を達成した巨人軍が引き合いに出されます。しかし，当時の巨人軍はON（王・長嶋）の活躍ばかりが脚光を浴びていますが，その影で守備のセンターライン（森・土井・黒江・柴田）がしっかり確立されており，かつ川上哲治監督の采配も管理野球が主体だったことを念のため申し添えます。

(2)　老後生活も完投型からWPP（継投型）へ変革を！

　WPPモデルは，老後生活への備え方を，昔のやり方（完投型・上乗せ型）から，就労延長・私的年金等・公的年金の３本柱による新しいやり方

（継投型）へと変革することを提案するものです。

　とりわけ，終身給付で資産枯渇リスクとは無縁な公的年金が人生の最終盤をリリーフすることで，「何千万円貯めても老後が不安だ」という状態からの脱却を目指しています。

　さらに，ここ数年の雇用・労働法制ならびに公的年金・私的年金の改正により，WPPモデルを実行するための環境が大きく整備・改善されています。環境は整いました。あとは実践あるのみです。

　最後に，WPPモデルの発想は，かつてプロ野球の阪神タイガースで2000年代に活躍したリリーフ陣の愛称だったJFK（ジェフ・ウィリアムス，藤川球児，久保田智之）から着想を得ています。野球が時代の変化に対応したのと同様に，老後生活への備え方も時代とともに新たな「勝利の方程式」を見出す必要があります。

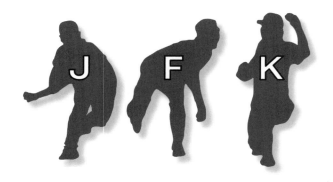

> **Column　老後生活費の実態〜いわゆる「老後2,000万円」の虚実**

　金融庁が2019年６月３日に公表した金融審議会／市場ワーキング・グループ報告書『高齢社会における資産形成・管理』は，報告書本文16ページにある「収入と支出の差である不足額約５万円が毎月発生する場合には，20年で約1,300万円，30年で約2,000万円の取崩しが必要になる」という記載が，マスメディアの報道で「公的年金だけでは老後に2,000万円不足する」と曲解されて報じられたため，大きな騒動になりました。

「2,000万円」の根拠とは

　そもそもこの「2,000万円」という数値は，総務省統計局「家計調査年報（家計収支編）」における2017年の高齢夫婦無職世帯（夫65歳以上・妻60歳以上の夫婦のみの無職世帯）の家計収支を根拠としています（**図表１－3**）。

図表１－３　「老後2,000万円」の根拠

高齢夫婦無職世帯の家計収支（2017年）	実収入　209,198円　　54,519円 実支出　263,717円
１年間の赤字額	654,228円（＝54,519円×12か月）
10年間	6,542,280円（＝654,228円×10年）
20年間	13,084,560円（＝654,228円×20年）
30年間	19,626,840円（＝654,228円×30年）　≒2,000万円
40年間	26,169,120円（＝654,228円×40年）

（出所）　総務省統計局「家計調査年報（家計収支編）」2017年版

つまり，「公的年金だけでは老後に2,000万円不足する」という主張は，**月5.5万円の赤字を30年間永続的に垂れ流す**という非現実的な前提に基づくものなのです。しかも，同報告書の16ページ（問題箇所のすぐ上）には，「65歳時点おける金融資産の平均保有状況は夫婦世帯で2,252万円」と記載されています。つまり，現在の高齢者世帯は平均で2,000万円以上の資産をすでに保有しており，収入を上回る支出が可能というのが実態です。

「2,000万円」は年によって変動する

　また，2,000万円という金額は，2017年時点のもので，この金額は決して一定不変のものではありません。過去の推移をみると，**30年間の赤字額の累積は55万円から2,200万円超の幅でぶれている**様子がうかがえます（図表1−4）。

　とりわけ，2020年は赤字額の累積が55万円（＝1,541円×12か月×30年）と急減しましたが，これは，新型コロナウイルス感染症の蔓延が背景にあります。特別定額給付金により実収入が増加した一方，旅行や外食の自粛等により実支出が減少したことが要因です。なお，最新（2021年）の統計では，30年分の赤字額の累積は約796万円（＝22,106円×12か月×30年）と，2,000万円の約40％にまで減少しています。

　もし金融庁の報告書が2022年に公開されていたら，「老後2,000万円問題」ではなく「老後800万円問題」と報道されていたかもしれません。個人的には，2,000万円というほどほどの大きさで，かつキリの良い数字だったからこそセンセーショナルな報道になったと考えます。

　このように，「老後2,000万円」という数値は，非現実的な前提を置いて推計されたうえに，集計年次によって大きく変動する，**唯一絶対の基準とは到底言えない**代物です。にもかかわらず，2,000万円という推計値を絶対視して，さも全国民の老後資金が2,000万円不足しているかのごとき主張がなされるのは，およそ本質をわきまえない的外れな見解だと言わざる

を得ません。

図表 1 － 4　高齢夫婦無職世帯の家計収支（時系列）

2011年	実収入　221,936円／実支出　264,886円　42,950円	（30年分）1,546万円
2012年	実収入　218,722円／実支出　270,395円　51,674円	（30年分）1,860万円
2013年	実収入　214,863円／実支出　272,455円　57,592円	（30年分）2,073万円
2014年	実収入　207,347円／実支出　268,907円　61,560円	（30年分）2,216万円
2015年	実収入　213,379円／実支出　275,706円　62,326円	（30年分）2,244万円
2016年	実収入　212,835円／実支出　267,546円　54,711円	（30年分）1,970万円
2017年	実収入　209,198円／実支出　263,717円　54,519円	（30年分）1,963万円
2018年	実収入　222,834円／実支出　264,707円　41,873円	（30年分）1,507万円
2019年	実収入　237,659円／実支出　270,929円　33,269円	（30年分）1,198万円
2020年	実収入　257,763円／実支出　259,304円　1,541円	（30年分）　55万円
2021年	実収入　237,988円／実支出　260,094円　22,106円	（30年分）　796万円

（出所）　総務省統計局「家計調査年報（家計収支編）」各年版

老後生活費の実際のところ

　前述の家計調査（家計収支編）では，老後生活費というと，高齢夫婦無職世帯（夫65歳以上・妻60歳以上の夫婦のみの無職世帯）または高齢単身無職世帯（60歳以上の単身無職世帯）の動向ばかりが取り上げられ，これらの「平均値」がひとり歩きする傾向にあります。

　しかし同調査では，高齢者世帯について年齢階級別（無職世帯：60歳か

ら85歳以上まで6段階，勤労者世帯：60歳から70歳以上まで3段階）の動向も調査・集計しています。

　無職の高齢者世帯の家計収支を年代別にみると，**赤字額は年を取るとともに縮小する傾向**にあります（**図表1－5**）。これは，実収入は年齢によってさほど差は生じないものの，実支出は加齢とともに食費・交通費・非消費支出（直接税・社会保険料など）が少なくなる傾向にあるためです。

　図表1－5の数値を用いて65歳以降の30年分の家計収支を推計すると，**79歳時点（15年分）では約425万円の赤字**（＝▲30,726円×12か月×5年＋▲25,131円×12カ月×5年＋▲14,915円×12か月×5年）ですが，80歳以降は家計収支が黒字に転じるため，**84歳時点（20年分）では約397万円の赤字**に縮小し，さらに**99歳時点（30年分）では約88万円の黒字**になります。

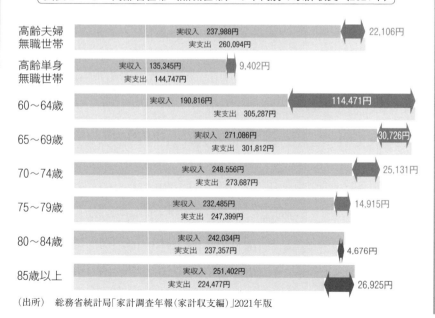

図表1－5　高齢者世帯（無職世帯）の年代別の家計収支（2021年）

	実収入	実支出	収支
高齢夫婦無職世帯	237,988円	260,094円	22,106円
高齢単身無職世帯	135,345円	144,747円	9,402円
60〜64歳	190,816円	305,287円	114,471円
65〜69歳	271,086円	301,812円	30,726円
70〜74歳	248,556円	273,687円	25,131円
75〜79歳	232,485円	247,399円	14,915円
80〜84歳	242,034円	237,357円	4,676円
85歳以上	251,402円	224,477円	26,925円

（出所）　総務省統計局「家計調査年報（家計収支編）」2021年版

　さらに，勤労高齢者世帯（2 人以上の世帯）の家計収支の状況を年代別にみると，**どの年代においても家計収支は黒字を保っています**（図表 1 － 6）。つまり，家計収支が赤字になるのを避けたいのであれば，**働けるうちは働いて勤め先収入（給与等）を確保することが有効**であることがわかります。

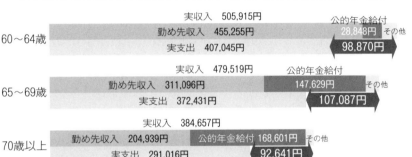

図表 1 － 6　高齢者世帯（勤労者世帯）の年代別の家計収支（2021年）

60～64歳
実収入　505,915円
勤め先収入　455,255円
実支出　407,045円
公的年金給付 28,848円　その他
98,870円

65～69歳
実収入　479,519円
勤め先収入　311,096円
実支出　372,431円
公的年金給付 147,629円　その他
107,087円

70歳以上
実収入　384,657円
勤め先収入　204,939円　公的年金給付 168,601円　その他
実支出　291,016円
92,641円

（出所）総務省統計局「家計調査年報（家計収支編）」2021年版

　このように，高齢者世帯の老後生活費および家計収支の状況は，**年齢や就労状況によって大きく変わる**ほか，**個々の世帯の置かれた状況（生活習慣，住宅の有無etc）にも左右される**ため，唯一絶対の正解はありません。にもかかわらず，統計上の平均値（あるいは都合の良い数値）を持ち出して赤字あるいは不足額の存在を強調・演出し，老後不安や老後破産を煽るメディア報道や金融商品の広告は後を絶ちません。統計上の平均値だけで判断することは，一定の目安にはなるものの，その結果を過信することには慎重であるべきです。

第 1 章の復習

①　本書で提唱する年金受給の新しいスタイル「WPP」の
　「W」と 2 つの「P」は何のことでしょうか。

②　WPPで得られる 4 つの効果は何でしょうか。

③　WPPを実践するうえで考えるべき課題は何でしょうか。

第**2**章

公的年金・私的年金キホンの「キ」

—— 年金の制度・受取り方・税制を知ろう ——

1 「年金」はどれも同じと思っていませんか!?

(1) 「年金」と付くだけで一緒くたにしてはダメ!!

　年金制度を解説する書物を開くと，決まって33ページの図表2－1のような図とともに，下記のような解説がつらつらと述べられています。

　年金制度は，国（政府）が運営する**公的年金**と，国以外（企業・金融機関など）が運営する**私的年金**に分類されます。さらに私的年金は，企業が従業員のために運営する**企業年金**と，金融機関が個人に向けて販売する**個人年金**に分類されます。

　わが国の年金制度は，俗に**3階建て**（あるいは4階建て）の構造になっています。1階部分は20歳以上のすべての国民が加入する**国民年金（基礎年金）**，2階部分は会社員・公務員などの被用者（勤め人）が加入する**厚生年金保険**があり，2階部分までを公的年金と言います。そして，3階部分から上には，企業または個人が任意で実施する企業年金や個人年金があります。（以下略）

　しかし，**図表2－1**の図は，体系的ではあるものの致命的な欠点があります。それは，どの年金制度も同じに見えてしまう点にあります。

　わが国では，年金というと，公的年金のことを思い浮かべる方々がほとんどです。**「年金＝公的年金」のイメージが強過ぎる**あまり，企業年金や個人年金も公的年金の仲間だと思われがちです。そのため，企業年金や個人年金まで「わからないけどなんだか難しそう」「少子高齢化で先行き暗いよね」「どうせもらえなくなるんでしょ？」と，風評被害にも近い言いがかりをつけられる始末です。

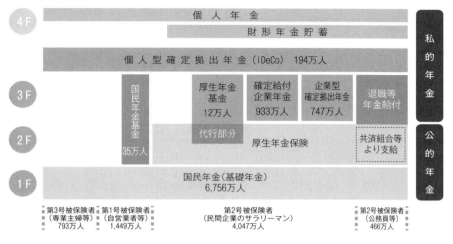

図表2-1　日本の年金制度の体系

※　2021年3月末時点。

(2)　同じ「年金」でも性格・性質は大きく異なる！

　公的年金・企業年金・個人年金の三者は，「毎年一定の金額を定期的に給付すること」あるいは「老後の収入を確保するための制度」としての目的・機能は共通しています。しかし，一口に「年金」と言っても，これらの制度上の性格・性質は著しく異なります。

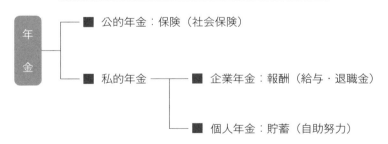

図表2-2　同じ「年金」でも性格・性質は異なる

例えるなら，同じ「スキー」でもアルペン，ジャンプ，クロスカントリーで競技の質が著しく異なる，あるいは，同じ「フットボール」でもサッカー，ラグビー，アメフトはほぼ別競技であるのと同じです。しかし，サッカーとラグビーは誰も間違えないのに，こと年金となると，公的年金と私的年金を混同した議論が横行しています。

同じスキーでも，同じフットボールでもほぼ別競技!?

①　公的年金は社会保険という「保険」

　前述のとおり，わが国では「年金＝公的年金」というイメージが根強く，同時に「年金＝貯蓄」というイメージも根強いです。しかし，「年金＝貯蓄」は誤りです。終身給付（終身年金）を提供するわが国の公的年金は，単なる自分のための貯蓄ではなく，いつまで生きるか，あるいはいつ死ぬかわからないリスクに集団で備える「保険」なのです。

　さらに，全国民を強制加入させて大規模な保険集団を形成し，所得再分配や年金額の改定（スライド）を効率的に行うという点では，公的年金は

社会保険あるいは社会保障の一環でもあります。その意味では，公的年金は「公的年金保険」と称するべきものです。

②　企業年金は「給与・退職金」が形を変えたもの

　企業年金は，名前こそ「年金」と付いているものの，その性格・性質は公的年金とは大きく異なります。

　企業年金は，企業から従業員にお金が流れるという意味では，報酬（労働の対価）が形を変えたものと言え，給与の後払いとしての性質を有しています。また，わが国では退職金（退職一時金）が企業年金よりも先行して普及した歴史的経緯から，退職金の分割払いとも称されます。企業年金は，企業の側からみれば「従業員をどう処遇するか」という人事労務管理施策の一環であり，従業員の側からみれば給与・賞与・福利厚生等を含めた労働条件の1つです。

③　個人年金こそ自助努力で備える「貯蓄」

　個人年金は，「そもそも加入すべきか否か」という選択や，「どの金融機関の商品にするか」という選択が，消費者自身に委ねられています。つまり，個人年金こそ「自分のための貯蓄」であり，広義には自助努力手段の1つとして位置づけられます。

　なお，個人年金の中には終身給付（終身年金）タイプの個人年金保険もあり，当該商品は「保険」の性質が色濃く残っています。しかし，「どの保険集団に入るか」を任意で選べるという点では，個人年金はやはり自助努力手段と捉えるのが適切だと言えます。

2 年金制度を「制度別」にざっくり解説

　ここでは，公的年金とそれ以外の制度（類似の制度も含めてここでは「私的年金等」と呼ぶことにします）の概要についてざっくりと解説します。詳細な説明は他の専門書に譲ることとし，本書では，WPPモデルを実行するうえで最低限押さえておくべきポイントに絞って解説します。

(1) 公的年金（国民年金・厚生年金保険）
① どの制度に加入するかは「働き方」で変わる

　20歳以上の日本国民は，公的年金（国民年金・厚生年金保険）への加入が義務づけられています。**自営業者・学生・フリーランス・専業主婦（夫）等は「国民年金」に加入**しますし，**会社員・公務員等は国民年金に加えて「厚生年金保険」にも加入**します。公務員の場合，かつては「共済年金」という独自の制度に加入していましたが，2015年10月に厚生年金保険と統合（一元化）されたため，現在では厚生年金保険の被保険者になります。

　かつては，「会社員は定年までずっと厚生年金保険に加入」あるいは

図表2－3 「働き方」によって変わる公的年金

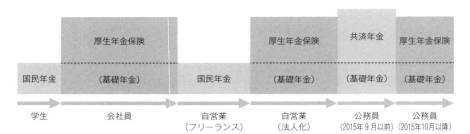

「自営業者はずっと国民年金に加入」というスタイルが一般的でした。し
かし，現代のように転職や独立起業が当たり前になった時代では，どの公
的年金に加入するかは働き方（職歴）によって変わる点に注意が必要です
（図表2-3）。

② 年金額も「働き方」で変わる

公的年金の給付額は，多くの方が「国が勝手に決めるもの」と漠然と思
っています。しかし実際は，国民年金では加入期間に比例して，厚生年金
保険では勤続期間および給与の額に比例して給付額が決まります。つまり，
現役時代の働きに比例して年金額が決まるという意味では，公的年金は
「自分で増やすもの」なのです。

公的年金の給付額を増やす工夫はいくつかあります。自営業者・フリー
ランス等の方であれば，保険料を長く納めることです。国民年金は最大で
40年（480月）加入することができますが，加入期間が40年に満たない場
合は「任意加入被保険者」になることで，最大で65歳まで保険料を納付す
ることができます。また，保険料を納めるだけの経済的余裕が無いときは，
保険料の免除制度を活用しましょう。

会社員・公務員等の方は，国民年金（基礎年金）に加えて厚生年金保険
を上乗せして受け取ることができます。また，勤務先で仕事を頑張る（長
く働く＆昇給する）ことが，将来の給付額の増加につながります。

(2) 私的年金等（会社員向けの制度）

会社員や公務員等の場合，47ページで後述する税制優遇の手厚い資産形
成手段を利用するのも有力な選択肢ですが，その前に，勤務先でどのよう
な制度が利用できるのかをチェックするところから始めましょう。

多くの企業では，従業員の福利厚生（あるいは取引上の都合）のために
さまざまな制度・サービスが提供されています。ただ，残念なことに，多

くの会社員は，勤務先にそのような制度があることを知りません。

　しかし，同じ制度・サービスであっても，個人向けよりも法人向けのほうが価格やサービスの面で優遇される傾向にあるため，このような**勤労者ならではの特典**を利用しない手はありません。勤務先でどのような制度・サービスの提供がされているかは，総務・人事部門の担当者に尋ねるか，あるいは社内規程等を参照することで確認することができます。

①　退職金制度

　企業が従業員のために提供する制度として代表的なのは，**退職金制度**です。企業によっては，退職金制度を発展させた**企業年金制度**を導入している場合があり，両者を合わせて**退職給付制度**とも称します（図表2－4）。

図表2－4　わが国の退職給付制度

		内部留保	社　外　積　立		
退職給付制度	企業年金	自社年金	確定給付企業年金	企業型確定拠出年金	厚生年金基金
	退　職　金	退職一時金（内部留保）	中小企業退職金共済	特定退職金共済	

　退職金は，従業員の退職時に企業から一定の金額が支払われるという，わが国独自の労働慣行の1つです。近年は，退職金の金額を減額したり，あるいは制度そのものを廃止する動きもみられますが，それでもなお日本企業の約8割が実施しており，会社員等にとっては馴染みのある制度です。

　退職一時金の金額は，基本的には**勤続期間に比例して大きくなる傾向**にあります。ただし近年は，従業員個人の業績や成果を反映する設計（ポイ

ント制など）も増えつつあります。代表的な退職金制度には，次のような
ものがあります。

【退職一時金】

　企業が「就業規則」あるいは「退職金規程」の定めに基づき，従業員が
退職する際に一定の金額を支給するという，わが国で最も普及している形
態です。退職金の原資を企業の内部資金で準備することから，「内部留保」
とも呼ばれています。

【中小企業退職金共済（中退共）】

　独立行政法人勤労者退職金共済機構が運営する，中小企業（主に従業員
数300人以下）のための退職金制度です。企業は中退共に毎月掛金を拠出
し，従業員の退職時に一時金（要件を満たせば分割受取も可能）が中退共
から支給されます。業種別の制度として，特定業種退職金共済（建退共・
林退共・酒退共）という制度も存在します。

【特定退職金共済（特退共）】

　市町村，商工会，商工会議所等の団体が「特定退職金共済団体」の承認
を受けて，中退共と同様の退職金制度を運営するものです。上記団体の会
員企業や所管地域内に属する企業であれば，中小企業の要件に該当しない
企業でも加入・利用することができます。

②　企業年金制度

　35ページでも述べたとおり，企業年金は名前こそ「年金」と名乗ってい
ますが，その実態は**退職金の分割払い**です。なお，企業年金制度では年金
原資の外部積立（企業の外部に積み立てる）が義務づけられているため，
同じ退職金の原資を準備するにしても，さまざまな税制優遇措置が講じら

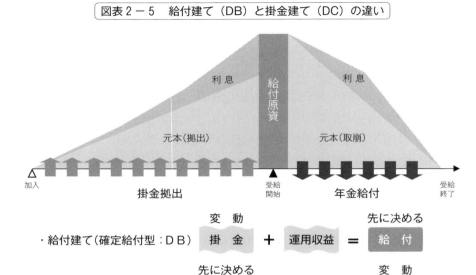

図表2－5　給付建て（DB）と掛金建て（DC）の違い

利　息　給付原資　利　息

元本（拠出）　元本（取崩）

加入　掛金拠出　受給開始　年金給付　受給終了

・給付建て（確定給付型：ＤＢ）　変　動　掛　金　＋　運用収益　＝　先に決める　給　付

・掛金建て（確定拠出型：ＤＣ）　先に決める　掛　金　＋　運用収益　＝　変　動　給　付

れています。

　企業年金は，給付額の算定方法を事前に定める**給付建て（確定給付型：DB〈Defined Benefit〉）** タイプと，掛金額の算定方法を事前に定める**掛金建て（確定拠出型：DC〈Defined Contribution〉）** タイプに大きく分かれます（**図表2－5**）。代表的な企業年金制度には，次のようなものがあります。

【確定給付企業年金】

　確定給付企業年金は，年金規約で定められた金額を支給するという，伝統的なタイプの企業年金制度です（**図表2－6**）。運営形態は，企業が自ら運営する**規約型**と，企業とは別の法人（企業年金基金）が運営する**基金型**の2種類がありますが，運営組織や人数要件等を除いては，給付設計や

財政運営の面では差異はありません。

　企業は掛金を年1回以上定期的に拠出し，拠出された年金資産の運用は企業または基金がその責務を負います。給付は**年金（分割形式）での受取が原則**ですが，原資の全部または一部を**一時金（一括形式）で受け取ることも可能**です。実態としては，退職金制度としての性質を受け継いでいることから，大半の受給者は一時金として受け取っています。

　自分の勤務先が確定給付企業年金を実施しているかどうかは，総務・人事部門の担当者に尋ねるか，または社内の各種規程で「○○確定給付企業年金規約」という文書の存在の有無で確認することができます。企業によっては，特定の業界・地域単位で運営する**総合型DB基金**（例：全国○○産業企業年金基金など）に加入している場合もあります。

図表2－6　確定給付企業年金のしくみ

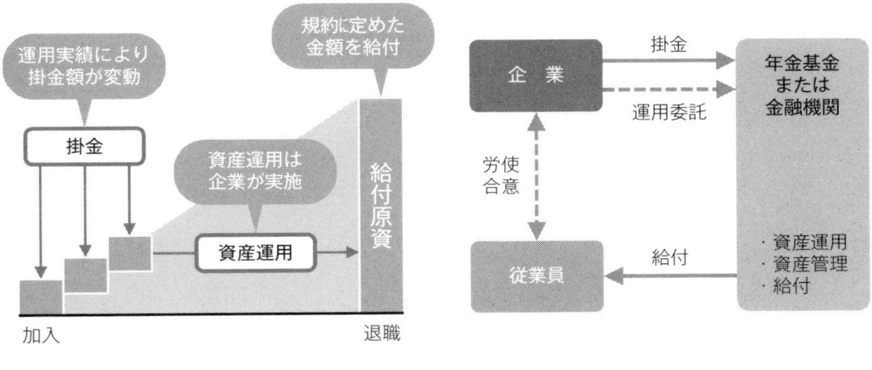

【企業型確定拠出年金（企業型DC）】

　企業型確定拠出年金（企業型DC）は，企業が定期的に掛金を拠出しながら従業員が自ら資産を運用する制度で，掛金と運用収益の元利合計により給付額が決まります（**図表2－7**）。「元利合計」と言われると何やら大層なもののように聞こえますが，要は**積立貯蓄とほぼ同じ**です。

掛金は，企業型DCの年金規約に基づき，企業が従業員の専用口座に定期的に拠出します。制度によっては，企業だけでなく従業員も一定の範囲内で自ら掛金を拠出するマッチング拠出（企業型年金加入者掛金）が可能な場合もあります。

　企業型DCの大きな特徴として，<u>加入者（従業員）が自ら資産運用を行</u>うことが挙げられます。と言っても，制度がラインナップしている運用商品の中から<u>お好みの運用商品を選択（指図）するだけ</u>です。運用商品のラインナップは，企業あるいは金融機関により異なります。運用商品には「預貯金」「投資信託」「保険商品」等があり，１つの商品のみを選択したり，複数の商品に分散投資することも可能です。

　また，運用商品の変更は，法令上は「少なくとも３か月に１回以上は可能とすること」とされていますが，実際は随時可能としている所が多いです。なお，資産運用の実績によって年金資産が増減するため，給付額はあらかじめ確定していません。

　企業型DCは，自助努力による老後資産形成を支援するという制度の性質上，<u>原則として60歳まで中途引出しが不可能</u>です。一方，60歳以降は老齢給付金の請求が可能となりますが，60歳時点で通算加入者等期間（加入

図表２－７　企業型確定拠出年金（企業型DC）のしくみ

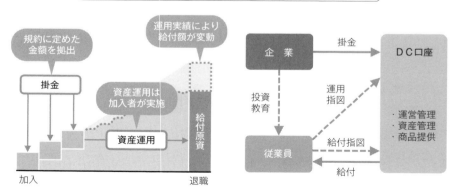

者期間および運用指図者期間の合計）が10年に満たない場合は，**図表2－8に掲げる年齢まで受給可能年齢が延期される**点に留意が必要です。受取方法は**年金（分割形式）での受取が原則**ですが，原資の全部または一部を**一時金（一括形式）で受け取ることも可能**です。

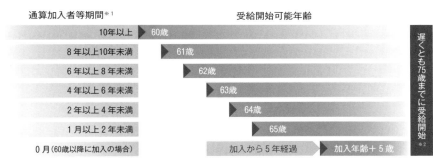

図表2－8　企業型確定拠出年金（企業型DC）のしくみ

※1　企業型DCおよび個人型DC（iDeCo）における，加入者期間および運用指図者期間を合算した期間。
※2　75歳までに受給手続きを行わないと，一時金（一括受取）として強制的に裁定される。

【厚生年金基金】

　厚生年金基金は，厚生年金保険の一部を国に代わって代行給付するとともに，企業独自の上乗せ給付を行う給付建ての制度です。かつてはわが国を代表する企業年金制度でしたが，現在は新規設立は停止されており，経過措置として5基金のみが運営を続けています（2022年11月現在）。

③　勤務先を経由して加入する制度

　勤務先に退職金制度や企業年金制度がない場合は，**勤務先を介して利用できる制度・サービス**があるかどうかを確認しましょう。これらの制度・サービスは，一般消費者向けの金融・保険商品と機能的には大差はありませんが，**個人で契約・加入するよりも手数料やサービスの面で優遇**されているのが一般的です。

【勤労者財産形成年金貯蓄（財形年金貯蓄／年金財形）】

　財形年金貯蓄は，勤労者財産形成促進制度（財形）に基づく老後のための貯蓄支援制度です。財形制度には，財形年金貯蓄以外にも，持家の取得・増改築等を目的とした「財形住宅貯蓄」と，使用目的を問わない「一般財形貯蓄」があります。

　財形年金貯蓄は，①勤務先が同制度を導入している，②金融機関は企業が指定する中から1つを選択，③5年以上にわたり給与天引きで積立，を条件に加入します。最大のメリットは利子・配当等が非課税になることで，非課税限度額は財形住宅貯蓄と合わせて預金型商品では元利合計で550万円まで，保険型商品では払込累計額で385万円までとされています。

　給付は，年金（分割形式）での受取が原則です。一時金（一括形式）での受取や加入中の中途解約も可能ですが，その場合は上記の非課税措置が適用されず課税の対象（貯蓄型は5年遡及して利子所得課税，保険型は差益に対して一時所得課税）となります。

【拠出型企業年金保険】

　拠出型企業年金保険は，生命保険会社が提供する年金保険です。前述の企業型確定拠出年金と名前が似ておりよく勘違いされますが，全くの別物です。また，勤務先あるいは生命保険会社によっては，「ドリーム年金」や「○○ライフ」といった愛称が付けられている場合があります。

　拠出型企業年金保険は，団体年金保険の一種ではありますが，制度の基本的なしくみや税制優遇措置は個人年金保険（⇒49ページ参照）とほぼ同じです。しかし，勤務先が加入手続きや保険料の天引き・取りまとめ等の事務を行うことで付加保険料（保険の事務運営に充てる保険料）を低廉に設定できるため，保険料の水準や返戻率（払込保険料累計額に対する受取総額の割合）は一般向け商品よりも有利となるのが通例です。

　勤務先が生命保険会社と提携していれば，勤務先の担当部署（主に総

務・人事部門）を通じて加入することができます。ただし，募集機会は年1回に限定されていることが多いので，事前に確認するようにしましょう。

【グループ保険（個人年金保険の団体扱など）】

　一般向けの個人年金保険に「団体扱特約」を付帯することで，拠出型企業年金保険と同等のメリットが得られる保険です。こちらも，勤務先が保険会社と提携していれば加入・利用することができます。

④　労働組合が窓口となって加入する制度

　勤務先に労働組合がある場合，組合員向けの共済（保障）事業として年金共済を実施・運営している場合があります。この分野では，こくみん共済coop（全労済）が提供する「新団体年金共済」が広く利用されています。また，企業の枠を超えて組織される産業別労働組合では，傘下の労働組合を対象に，前述の拠出型企業年金保険や新団体年金共済を組み合わせた独自の年金共済を提供している場合があります。電機連合の「ねんきん共済」や，UAゼンセン（全国繊維化学食品流通サービス一般労働組合同盟）の「年金共済」「積立共済」などが代表例です。

　制度の基本的なしくみや税制優遇措置は，個人年金保険とほぼ同じです。

(3)　私的年金等（自営業者・フリーランス向けの制度）

　前述のとおり，会社員や公務員の公的年金は2階建て（国民年金＋厚生年金保険）なのに対し，自営業者・フリーランスの公的年金は1階部分（国民年金）しかありません。その代わり，自営業者・フリーランスには，国民年金に上乗せして老後に備えるための制度がいろいろ用意されています。どれも税制上の優遇措置が講じられていることから，これを「自営業者の特権」と称する専門家もいます。後述する税制優遇の手厚い制度（⇒47ページ参照）と併せて，どのような制度を利用できるかをチェック

するところから始めましょう。

①　付加年金（付加保険料）

　国民年金保険料に上乗せして付加保険料（月額400円）を納付することにより，老齢基礎年金に「200円×付加保険料納付月数」分の年金が上乗せされるしくみです。付加保険料だけでみると，おおむね２年間で元が取れる計算になります。保険料は全額社会保険料控除の対象ですが，国民年金保険料の免除・猶予を受けている方や国民年金基金の加入者の方は，付加保険料を納付することができません。

②　国民年金基金

　自営業者など国民年金の第１号被保険者を対象とした上乗せの年金制度です。給付の種類は，終身年金がA型（15年保証期間付き）・B型（保証期間無し）の２種類，確定年金が支給開始年齢および支給期間に応じてⅠ～Ⅴ型の５種類ですが，１口目は終身年金が原則です。２口目以降は，終身年金・確定年金いずれも選択可能です。掛金は月額6.8万円まで拠出可能で，全額社会保険料控除の対象です。

　なお，国民年金保険料の免除・猶予を受けている方や，上記①の付加保険料を納付している方は，国民年金基金に加入することはできません。

③　小規模企業共済

　独立行政法人中小企業基盤整備機構が運営する，小規模企業（主に従業員数20人以下）の経営者および個人事業主のための社外積立制度です。個人事業主が事業を廃止したり65歳に達したときに，所定の共済金（一括受取が原則だが分割受取も選択可）が支払われます。掛金は月額１千円から７万円までの範囲（500円単位）で自由に選択でき，増額・減額も任意で可能なうえ，掛金は全額小規模企業共済等掛金控除の対象になります。さ

らに，納付した掛金の範囲内で事業資金の貸付制度を利用することもできます。

　なお，中小企業退職金共済および特定業種退職金共済（建退共・林退共・酒退共）に加入している方は，小規模企業共済には加入できません。

④　拠出型企業年金保険・グループ保険など

　自営業者・フリーランスの方でも，業務の関係上何らかの業界団体に所属している場合，当該業界団体を介して利用できる制度・サービスがあることが多いです。制度のしくみや税制上の措置は，拠出型企業年金保険やグループ保険の項（⇒44〜45ページ参照）で解説したとおりです。個人で契約・加入するよりも手数料やサービスの面で優遇されている点は，会社員向けの制度と同様です。

⑷　私的年金等（税制優遇の手厚い制度）

　ここまで私的年金等について，「会社員なら勤務先にある制度からチェック」あるいは「自営業者ならではの特権をフル活用」と申し上げましたが，中には，「うちの会社には企業年金どころか退職金すらない」あるいは「国民年金基金は掛金が高くて入れない」という方もいらっしゃるかもしれません。

　しかし，心配はご無用です。政府はここ数年，個人の金融資産を「貯蓄から投資へ」と誘導するために，さまざまな資産形成手段を創設・拡充しています。これらの制度・手段に共通しているのは，一般的な金融商品よりも税制上の優遇措置が手厚くなっていることです。ここでは，こうした税制優遇の手厚い私的年金等を紹介します。資産形成を行うならば，当然ながら税制優遇の手厚い制度・手段から利用するのが賢明です。

①　個人型確定拠出年金（個人型DC／iDeCo）

　個人型確定拠出年金（個人型DC）は，企業型確定拠出年金（企業型DC）と並ぶ確定拠出年金制度の１つです。かつては，「自営業者・フリーランス等」および「企業年金のない会社員」のみが利用できる制度でしたが，2017年１月から加入対象が大幅に拡大され，**原則としてすべての公的年金被保険者が加入可能**になりました。また，加入対象拡大に伴い**iDeCo（イデコ）**という愛称が命名されてからは，加入者数が急激に増加しています。

　資産運用や給付，あるいは原則60歳まで中途引出しや解約ができないという**制度の基本的なしくみは企業型DCとほぼ同じです**（図表２－９）。企業型DCでは掛金拠出や金融機関の選定は企業が主体となるのに対し，iDeCoでは掛金拠出，金融機関の選定から資産運用まで，すべて加入者が主体となります。

　iDeCoの最大のメリットは，**個人で利用できる制度としては最も税制優遇が手厚い**点にあります。掛金は全額所得控除（小規模企業共済等掛金控除）の対象となるほか，運用時に発生する利息・配当・売却益等の運用収

図表２－９　個人型確定拠出年金（個人型DC／iDeCo）のしくみ

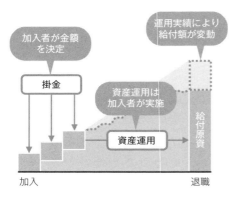
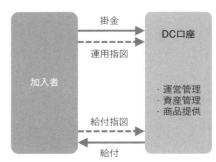

益は全額非課税です。さらに，受取時も各種控除（公的年金等控除・退職所得控除）が適用されます。

　最後に，iDeCoに加入する際は，金融機関（運営管理機関）を選択する必要がありますが，金融機関によって手数料や運用商品ラインナップ等が大きく異なるのでご注意ください。

②　少額投資非課税制度（NISA）

　少額投資非課税制度は，少額からの投資を奨励するための制度で，20歳（2023年1月以降は18歳）以上の国内居住者であれば誰でも利用できます。最大のメリットは，年間の非課税枠の範囲で購入した金融商品から得られる運用収益が全額非課税になる点です。また，iDeCoとは異なり，60歳前であってもいつでも売却・換金することができます。

　NISAには，一般NISA，つみたてNISA，ジュニアNISA（2023年で廃止）の3種類がありますが，2024年からは新たなしくみに刷新される予定です。

【つみたてNISA】

　つみたてNISAは，長期の積立投資を支援するための制度として2018年に創設されました。年間の非課税枠は40万円，非課税期間は20年間で，この枠内（総額で40万円×20年＝800万円）であれば運用収益は全額非課税になります（図表2－10）。

　つみたてNISAの投資対象となる金融商品は，「手数料が低水準」「分配金が頻繁に支払われない」など，長期・積立・分散投資に適した一定の公募株式投資信託およびETF（上場株式投資信託）に限定されています。

③　個人年金保険

　個人年金保険は，老後に備えるための伝統的な自助努力手段の1つです。

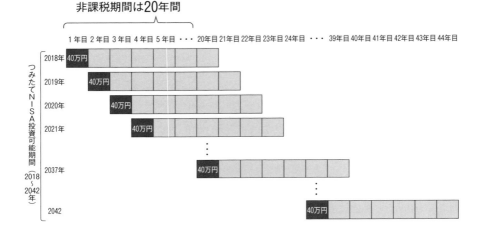

図表2－10　つみたてNISAのしくみ

受取期間（終身・有期・確定），保険料の払込方法（平準払い・一時払い），死亡保障の有無など，さまざまなタイプがあります。また，運用実績によって年金額や解約返戻金の額が変動する「変額」タイプのものもあります。

　個人年金保険の保険料は，一定の要件を満たせば**生命保険料控除または個人年金保険料控除（年4万円（旧契約は年5万円）限度）の対象**となります。

図表 2 -11　税制優遇の手厚い資産形成手段の比較

		iDeCo	つみたてNISA	個人年金保険
対象者		公的年金の被保険者	18歳以上の国内居住者	制限なし
保有口座数		1人1口座	1人1口座 （つみたてNISAと新NISAの いずれかを選択）	制限なし
非課税保有期間		最大75歳まで	20年間	制限なし
拠出限度額 （非課税枠）		年額14.4万円〜 81.6万円 （被保険者種別により異なる）	年額40万円	制限なし （非課税枠は年額4万円）
投資対象		預貯金，保険，投資信託など	長期・積立・分散投資に適 した一定の株式投資信託や ETFなど	〈定額年金保険〉 生命一般勘定で運用 〈変額年金保険〉 投資対象の指定が可能な場合 あり
税制優遇	拠出時	全額小規模企業共済等 掛金控除の対象	──────	生命保険料控除または 個人年金保険料控除の対象
	運用時	・運用益は非課税 ・特別法人税は課税停止中	運用益は非課税	運用益は非課税 （給付時に繰延課税）
	給付時	雑所得課税または退職所得 課税（公的年金等控除また は退職所得控除の対象）	──────	雑所得課税または 一時所得課税
中途払出し・解約		原則60歳まで不可	可能 （売却枠の再利用は不可）	可能
金融機関の変更		可能	可能（1年単位）	不可（解約は可能）

3 年金の「受取り方」を知る

「年金」という言葉を辞書で引くと，「終身または一定期間にわたり，毎年定期的に一定の金額を給付する制度のもとで，支給される金銭」（出典：小学館『デジタル大辞泉』）と出てきます。しかし，一口に年金と言っても，その支給形態はさまざまです。

WPPモデルを実行するうえでは，公的年金・私的年金の受取方法およびその選択肢を事前に把握しておくことが大切です。

(1) 年金（分割形式）での受給

年金の支給形態は「確定年金」と「生命年金」に大きく分かれるほか，生命年金はさらに「有期年金」と「終身年金」に分類されます（図表2−12）。

① 確定年金

確定年金とは，あらかじめ定められた一定期間（例：10年・15年など）にわたり支給されるタイプの年金です。「確定」という言葉は，支給期間や金額が受給者本人の生死にかかわらず確定しているという意味です。なお，支給期間が満了する前に受給者が死亡した場合は，残存期間に係る年金原資を受給者の遺族に一括で支払うのが通例です。

② 有期年金

有期年金は，受給者本人の生存を支給要件とする「生命年金」の一種で，あらかじめ定められた一定期間にわたり支給されるタイプの年金です。一見すると確定年金と同じに見えますが，有期年金は生存を条件に支給を行

うため，受給者が死亡したらその時点で年金支給を終了します。そのため，同じ支給期間の確定年金と比較すると，掛金水準は相対的に低くなります。

③　終身年金（終身給付）

受給者本人の生存を支給要件とする「生命年金」の一種で，受給者本人が生存している限り支給されるタイプの年金です。保険集団内で早期に死亡した方の年金原資を生存している方に移転・充当することで，年金原資を枯渇させることなく終身にわたり年金を支給することができます。

なお，私的年金（企業年金・個人年金）では，早期死亡による「払い損」を回避したいとのニーズに対応するため，終身年金の中に確定年金の要素を組み込んだ保証期間付き終身年金が広く普及しています。保証期間中の年金支給は受給者の生死にかかわらず保証する必要があるため，保証期間が付いていない終身年金よりも掛金水準は高めになります。

$$\boxed{\text{図表 2 −12　年金の支給形態}}$$

■ 確定年金
　● 生死にかかわらず一定期間支給

受給開始　　　　　　　　　　　　終了（期間満了）

■ 有期年金
　● 生存を条件に一定期間支給

受給開始　　　　　　終了（死亡）　終了（期間満了）

■ 終身年金
　● 生存を条件に終身にわたり支給

受給開始　　　　　　　　　　　　終了（死亡）

■ 保証期間付き終身年金
　● 保証期間中は生死にかかわらず支給
　● 保証期間後は終身にわたり支給

保証期間

受給開始　　　　　　　　　　　　終了（死亡）

(2)　確定拠出年金では「分割取崩し」という方法もある

　確定拠出年金（企業型DC・iDeCo）における年金（分割形式）の受取方法には，前述(1)①～③の方法に加えて，「分割取崩し」という方式があります。分割取崩しとは，受給開始後も資産運用を行いながら年金資産を取り崩す方法で，資産運用の実績に応じて受取額が変動します。

　分割取崩は，支給期間（回数）を指定したうえで，当該期間内で支給額を調整します。受取額の算出方法には，①期間均等払い，②年度ごと割合指定，③残存月数（回数）按分，の3つがあります。企業型DCでは①～③いずれかの方法を選択できるのが主流ですが，iDeCoでは③の方式が主流です。

　また，複数の運用商品を保有している場合の取崩方法は，保有割合に基

┌───┐
│ 図表2－13　分割取崩における受取額の算出方法（支給期間5年（年1回払い）の場合） │
└───┘

■ 期間均等払い：当初の資産残高を受取回数に応じて均等に除した額を受給
　● 支給額は原則として一定
　● 運用状況によっては期間満了前に給付が終了
　　（剰余がある場合は最終支給時に全額を精算）

■ 年度ごと割合指定：支給期間の年度ごとに受取割合を指定して受給
　● 支給額は原則として一定
　● 運用状況によっては期間満了前に給付が終了
　　（剰余がある場合は最終支給時に全額を精算）

■ 残存月数（回数）按分：直近の資産残高を残存月数（回数）で除した額を受給
　● 運用状況によって支給額が変動
　● 支給期間の途中で給付が終了することはない

づき売却するのが主流ですが，売却する運用商品の順序を指定できる場合もあります。

(3)　一時金（一括形式）での受給

　わが国の私的年金（企業年金・個人年金）は，受給者本人の選択により，**年金に代えて一時金での受取も選択可能**となっているのが一般的です。

　年金・一時金の選択は，受給開始時（請求時）に行うのが一般的ですが，年金を選択して受給開始した後に，年金原資の残額を一括で受給することが可能な場合もあります。逆に，一時金を選択した後に再び年金を選択することはできません。

(4)　年金（分割形式）と一時金（一括形式）の併用

　私的年金制度によっては，一部を年金で受給し，残りを一時金で受給する**年金と一時金の併給**が可能な場合もあります。

　年金と一時金の配分は，あらかじめ定められた率の中から選択（例：一時金の選択割合を25％・50％・75％・100％の中から選択し，残りの割合は年金で受給）するのが一般的です。どのような選択肢が設けられているかは，制度を実施している企業あるいは金融機関によって異なります。

　なお，公的年金および国民年金基金は，ごく一部の例外を除き，年金に代えて一時金での受取りを選択することはできません。また，私的年金でも制度によっては併給が不可能な場合があります。

(5)　制度別にみた年金の受取方法の選択肢

　各種年金制度等において認められている年金・一時金の受取方法の選択肢は，図表2−14のとおりです。

　公的年金および付加年金は終身年金での受取りが原則で，それ以外の選択肢はありません。確定給付企業年金および確定拠出年金（企業型DC・

iDeCo）は，年金（分割形式）での受取が原則ですが，規約の定めにより
その全部または一部を一時金として受け取ることもできます。逆に，中小
企業退職金共済および特定退職金共済は，一時金での受取が原則ですが，
一定の要件を満たせば分割形式での受取も可能です。

　なお，受取方法については，1制度の中で**複数の受取方法が選択可能**な
場合があるほか，同じ制度であっても**企業あるいは金融機関によって受取
方法の選択肢が異なる**場合もあります。私的年金における制度別の詳細は，
第5章（⇒119ページ以降）で詳しく解説します。

図表2-14　年金の受取方法の選択肢——制度別

	年　金					一時金
	確定年金	有期年金	終身年金	保証期間付き終身年金	分割取崩	
公的年金	—	—	○	—	—	—
付加年金	—	—	○	—	—	—
国民年金基金	○5·10·15年	—	○※2	○※2	—	—
確定給付企業年金	○5〜20年	○5〜20年	—	○	—	○
確定拠出年金	○5〜20年	○5〜20年	—	○	○	○
中小企業退職金共済 特定退職金共済	○5·10年	—	—	—	—	○
小規模企業共済	○10·15年	—	—	—	—	○
財形年金貯蓄	○5〜20年	○5〜20年	—	○	—	△※3
個人年金保険 拠出型企業年金保険 グループ保険etc	○	○	—	○	—	○

※1　受取方法の選択肢は，制度を実施する企業あるいは金融機関によって異なる。
※2　1口目はA型（15年保証期間付き終身年金）またはB型（終身年金）から選択しなければならない。
※3　解約すれば一時金でも受給できるが，非課税措置は適用されない。

(6)　金融資産の「取崩し方」とは

　私的年金を一時金で受給した場合や，退職一時金，NISA，預貯金など
そもそも年金（分割形式）で受け取るしくみがない場合は，**積み立てた資
産を老後に向けてどう管理・運用するか**という問題に直面します。

①　金融資産の取崩し（デキュムレーション：decumulation）

　近年の資産形成・資産運用に関する議論では，「現役期にどのように資
産を積み立てるか」だけでなく，「高齢期・引退期にどのように資産を取
り崩すか」も主要なテーマとなりつつあります。26ページで取り上げた金
融庁のレポートでは，資産の計画的な取崩しと併せて，**引退期も資産運用
を継続**することにより**資産寿命の延伸**を図るべきとしています（図表2－
15）。

図表2－15　金融資産の取崩しと資産寿命の延伸

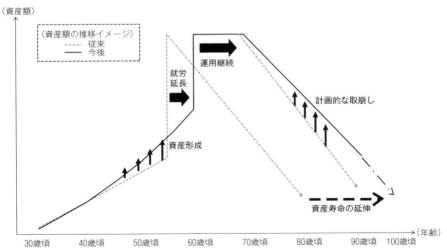

（出所）　金融審議会 市場ワーキング・グループ報告書「高齢社会における資産形成・
　　　　管理」の概要（参考資料）より抜粋

引退期の資産の取崩しのことを，近年は**デキュムレーション（decumulation）** と称しています。そして，近年のデキュムレーションの議論では，一定の金額を定期的に取り崩す「定額取崩し」ではなく，毎期の資産残高の一定割合を取り崩す**「定率取崩し」** が推奨される傾向にあります。定率取崩しは，収益率の配列パターンにかかわらず一定期間経過後の資産残高が同額となるため，収益率配列リスク（Sequence of Returns Risk）の回避に有効だとされています。

しかし，定率取崩しには，**資産残高の減少とともに毎期の取崩し額も減少する**という構造的な問題があります。また，定率取崩しは定額取崩しに比べると直感的にわかりにくく資産管理が難しいのも難点です。定率取崩しに対応した商品・サービスの開発・普及が待たれますが，現時点では途半ばの状況にあります。

② FIRE（Financial Independence, Retire Early）

米国で2010年代から注目されはじめ，日本でもここ数年話題になっているムーブメントに「FIRE」があります。FIREとは，Financial Independence, Retire Earlyの頭文字をつなげたもので，直訳すると**「経済的独立を果たして早期退職しよう」**という意味です。

FIREの目的は，資産運用による収入増と節約等による支出減を図りながら資産形成に勤しみ，不労所得を得られるだけの十分な資産を形成することにあります。FIREでは，**年間支出の25倍を貯蓄目標とする「25倍ルール」** と，**資産の取崩し比率および運用利回りの目安である「4％ルール」** を提唱しています。例えば，年間の支出額が400万円の場合，1億円（＝400万円×25倍）の資産を準備することで，年4％の利回りを達成すれば資産を取り崩すことなく年400万円（＝1億円×4％）の支出を賄える計算になります。

　デキュムレーションもFIREも，資産運用で一定以上の運用利回りを常に達成することを前提としています。しかし，**資産運用で一定の利回りをコンスタントに確保し続けることは至難の業**なので，デキュムレーションやFIREを過度に信奉し，これらを老後所得の主要な柱とすることは適切ではありません。

　一方で，デキュムレーションやFIREを実践することは，たとえ経済的独立を果たせなかったとしても，**老後の資産形成には大いに寄与**します。デキュムレーションやFIREは，それだけを用いて老後を乗り切ろうとするのではなく，WPPモデルに基づき，就労延長や公的年金・私的年金等と組み合わせて活用するのが効果的です。

4 知っておきたい年金の税制

　公的年金および私的年金は，老後所得保障の役割を担う観点から，さまざまな税制上の優遇措置が講じられています。現役期に年金制度に掛金を拠出する際は，<u>非課税メリットを享受した効率的な資産形成が可能</u>となります。また，引退期の給付には所得税が課税されるものの，<u>受取方法（年金・一時金）によって課税の取扱いが異なる</u>点に注意する必要があります。

　WPPモデルで私的年金の受取り方を検討するためには，年金および各種資産形成手段の課税の取扱いを踏まえておくことが大切です。

(1)　年金税制の全体像

　年金制度は，制度に加入してから年金を受給し終わるまでの期間が数十年もの長期にわたることから，その課税の取扱いは，次の3つの局面に分けて整理・分類するのが一般的です。

> 【拠出時】　<u>掛金（保険料）の取扱い</u>
> 【運用時】　<u>運用収益・積立金（年金資産）の取扱い</u>
> 【給付時】　<u>年金（分割形式）・一時金（一括形式）の取扱い</u>

　わが国の年金税制の取扱いを，上記の3つの課税局面ごとに整理・分類すると，**図表2-16**のとおりとなります。

図表 2 -16　わが国の年金税制の概要

制　度　名	拠　出　時	運　用　時	給付時（退職・老齢給付の場合） 年　金	一時金
公的年金 付加年金 国民年金基金	【事業主拠出】 全額損金 （必要経費）算入 【加入者拠出】 全額社会保険料控除	──────	雑所得課税 公的年金等控除 の対象	
確定給付企業年金	【事業主拠出】 全額損金 （必要経費）算入 【加入者拠出】 生命保険料控除	【運用収益】非課税 【積立金】 特別法人税課税[1] （加入者拠出相当分を除く）	雑所得課税 公的年金等控除 の対象 （加入者拠出相当分を除く）	退職所得課税 退職所得控除の対象 （加入者拠出相当分を除く）
確定拠出年金 〔企業型DC iDeCo〕	【事業主拠出 （拠出限度あり）】 全額損金 （必要経費）算入 【加入者拠出 （拠出限度あり）】 全額小規模企業共済 等掛金控除	【運用収益】非課税 【積立金】 特別法人税課税[1]	雑所得課税 公的年金等控除 の対象	退職所得課税 退職所得控除 の対象
中小企業退職金共済 特定退職金共済	【事業主拠出】 全額損金 （必要経費）算入	非課税	雑所得課税 公的年金等控除 の対象	退職所得課税 退職所得控除 の対象
小規模企業共済	【加入者拠出 （拠出限度あり）】 全額小規模企業共済 等掛金控除	非課税	雑所得課税 公的年金等控除 の対象	退職所得課税 退職所得控除 の対象
個人年金保険 拠出型企業年金保険 グループ保険etc	【加入者拠出】 生命保険料控除または個人年金保険料控除（それぞれ年4万円限度）	非課税	雑所得課税 （必要経費分を除く[2]）	雑所得または一時所得課税[3] （必要経費分を除く[2]）
財形年金貯蓄 NISA	【加入者拠出 （非課税枠あり）】 課税	非課税	非課税	非課税

※1　特別法人税は，2026年3月末まで課税が停止（凍結）されている。
※2　収入から必要経費（払込元本）を控除した部分が課税対象となるため，実質的には，運用収益に対する繰延課税である。
※3　保証期間付き終身年金の保証部分の一括受取は雑所得課税，確定年金の一括受取は一時所得課税。
※4　遺族給付がある場合は，公的年金および国民年金基金では非課税，それ以外の制度では相続税課税。
※5　障害給付がある場合は，上記すべての制度において非課税。

① 拠出時の課税

　年金制度に拠出する掛金は，非課税扱いとなるのが一般的です。企業が拠出する掛金（事業主拠出）は，**全額損金（または必要経費）に算入可能**なうえ，従業員の給与とはみなされないため従業員にも課税されません。

　加入者・従業員が個人で拠出する掛金（加入者拠出）は，**各種の所得控除が適用**され，所得税・住民税の負担がそのぶん軽減されます。所得控除による税負担の軽減効果は，課税所得が高い方ほど，あるいは拠出している金額が大きい方ほど，大きくなります（**図表 2 −17**）。

図表 2 −17　拠出時非課税による所得税・住民税の負担軽減効果

〈例〉　毎月 1 万円（年額12万円）を積み立てた場合

税負担軽減額[2]

課税所得金額[1]	所得税[3]		住民税		合　計
150万円	6,000円（5 %）		12,000円（10%）		18,000円
300万円	12,000円（10%）	+	12,000円（10%）	=	24,000円
600万円	24,000円（20%）		12,000円（10%）		36,000円
1,000万円	39,600円（33%）		12,000円（10%）		51,600円

※ 1　課税所得金額は，収入金額から必要経費および各種所得控除額を差し引いた金額。
※ 2　税負担軽減額は，年間の掛金額（12万円）に所得税率および住民税率を乗じた値の合計値。
※ 3　所得税では復興特別所得税を考慮せず試算している。

② 運用時の課税

　預貯金や投資信託など一般の金融商品では，運用時に発生する利子・配当・売買益等の運用収益に対し20.315％の源泉分離課税が行われますが，**年金資産から発生する運用収益は非課税扱い**となります。このため，加入期間あるいは積立期間が長期間に及ぶほど，複利効果と相まって非課税効果が最大限に発揮されます（**図表 2 −18**）。

図表2-18　運用時非課税による資産形成の効果

〈例〉　毎月1万円（年額12万円）を積み立て年3％で運用した場合

	10年目	20年目	30年目	30年目
課税なし	142万円	332万円	588万円	932万円
課税あり	137万円	310万円	530万円	808万円

※　「課税あり」では，運用収益に20.315％の源泉分離課税を適用した後の利回り（≒2.39％）で計算。

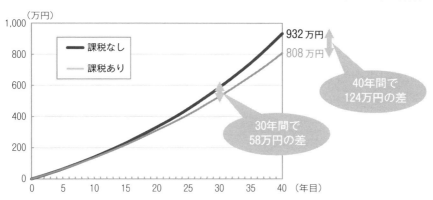

　一方，確定給付企業年金および確定拠出年金（企業型DC・iDeCo）では，年金資産に対して年率1.173％の特別法人税（退職年金等積立金に対する法人税）が課税されますが，租税特別措置法の規定により，1999年以降はその課税が停止（凍結）されています。

③　給付時の課税

　年金制度からの給付は所得税・住民税の課税対象となります。しかし，一定の要件を満たす年金制度からの給付には各種の控除（公的年金等控除・退職所得控除など）が適用されるため，**通常の所得よりも税負担が軽減**されます。詳細は次ページ以降でご案内します。

　最後に，財形年金貯蓄およびNISAは，拠出時にすでに課税されている

ことから，給付時には課税はされません。

(2) 「受取り方」によって変わる年金の税制
① 年金（分割形式）の課税の取扱い

　公的年金および私的年金から支給される年金給付は，**雑所得**として所得税の課税対象になります。雑所得とは，所得税法上は「利子所得，配当所得，不動産所得，事業所得，給与所得，退職所得，山林所得，譲渡所得及び一時所得のいずれにも該当しない所得」をいい，原稿料や講演料のほか，上記の年金給付も含まれます。

　原稿料や講演料などの雑収入は，**収入金額から必要経費を差し引いた額**が雑所得の金額になりますが，所得税法第35条に規定する「公的年金等」に該当する制度から支給される年金給付は，**収入金額から公的年金等控除を差し引いた額**が雑所得の金額になります（図表2−19）。公的年金等控除の対象となる年金制度には，公的年金だけでなく，確定給付企業年金，確定拠出年金，中小企業退職金共済，特定退職金共済，小規模企業共済などが含まれており，**公的年金「等」の範囲は思いのほか広い**ことがうかがえます。

　なお，個人年金保険（拠出型企業年金保険等を含む）は，上記の公的年金等には該当しないため公的年金等控除は適用されませんが，払込元本（過去に支払った保険料の総額）を必要経費として控除することができます。

　最後に，雑所得は，他の所得（給与所得，事業所得，一時所得など）と合算したうえで税率を適用する**総合課税**の対象となります。

図表 2-19　雑所得の算定式および公的年金等控除額

〈雑所得の算定式〉
・通常の雑所得＝総収入金額－必要経費
・公的年金等に係る雑所得＝公的年金等の収入金額－公的年金等控除額

〈公的年金等控除額〉

年齢	公的年金等の年間収入額（a）	公的年金等控除額（公的年金等以外の所得別）		
		1,000万円以下	1,000万円超 2,000万円以下	2,000万円超
65歳以上	～330万円	110万円	100万円	90万円
	330万円超～410万円	(a)×25％＋27.5万円	(a)×25％＋17.5万円	(a)×25％＋7.5万円
	410万円超～770万円	(a)×15％＋68.5万円	(a)×15％＋58.5万円	(a)×15％＋48.5万円
	770万円超～1,000万円	(a)×5％＋145.5万円	(a)×5％＋135.5万円	(a)×5％＋125.5万円
	1,000万円超	195.5万円	185.5万円	175.5万円
65歳未満	～130万円	60万円	50万円	40万円
	130万円超～410万円	(a)×25％＋27.5万円	(a)×25％＋17.5万円	(a)×25％＋7.5万円
	410万円超～770万円	(a)×15％＋68.5万円	(a)×15％＋58.5万円	(a)×15％＋48.5万円
	770万円超～1,000万円	(a)×5％＋145.5万円	(a)×5％＋135.5万円	(a)×5％＋125.5万円
	1,000万円超	195.5万円	185.5万円	175.5万円

※　受給者の年齢の判定は，その年の12月31日での年齢による。

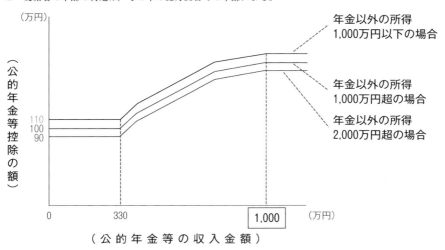

②　一時金（一括形式）の課税の取扱い

　私的年金等から支給される一時金給付（みなし退職手当）は，**退職所得**として所得税の課税対象になります。退職所得とは，所得税法上は「退職手当，一時恩給その他の退職により一時に受ける給与及びこれらの性質を有する給与に係る所得」をいいます。

　退職所得の金額は，収入金額から「退職所得控除」を差し引いた額に「２分の１」を乗じた額となります（図表２−20）。退職所得控除額は，「勤続年数」が長くなるほど控除額が大きくなります。勤続年数は，制度によって下記のものを使用します。なお，他の私的年金制度等からの資産移換を受け入れた場合は，移換元の制度に係る勤続年数を加算することができます。

- 退職一時金：勤務期間
- 確定給付企業年金：加入者期間（支払金額の計算の基礎となった期間）
- 確定拠出年金（企業型DC・iDeCo）：加入者期間（掛金を拠出した期間）

　また，２分の１を乗じる措置（平準化措置）は，**特定役員退職手当等**および**短期退職手当等**から退職所得控除額を控除した残額のうち**300万円を超える部分**には適用されません。特定役員退職手当等は「勤続５年以下の法人役員・議員・公務員等」が対象ですが，みなし退職手当には適用されません。一方，短期退職手当等は「勤続年数５年以下の者」が対象ですが，こちらはみなし退職手当にも適用されます。

　なお，個人年金保険（拠出型企業年金保険等を含む）は，保証期間付き終身年金における保証部分を一括で受け取る場合は雑所得として，確定年金を一括で受け取る場合は一時所得（⇒68ページ参照）としてそれぞれ課税されます。

　最後に，退職所得は他の所得とは分離して税率を適用する**分離課税**の対象となります。

図表２-20　退職所得の算定式および退職所得控除額

〈退職所得の算定式〉

退職所得＝（退職手当等－退職所得控除額）×１/２※

※　特定役員退職手当等（勤続年数５年以下の役員等に支給）には適用しない（みなし退職手当は対象外）。

※　短期退職手当等（勤続年数５年以下の者に支給）から退職所得控除額を控除した残額のうち300万円を超える部分には適用しない（みなし退職手当も対象）。

〈退職所得控除額〉

勤続年数	退職所得控除額
２年以下	一律80万円
３年以上 20年以下	40万円×勤続年数
20年超	70万円×（勤続年数－20年）＋800万円

※１　１年未満の勤続年数は，１年に切り上げて計算する。

※２　障害を基因とする退職の場合は，上記に100万円を加算する。

※３　勤続年数の主な計算方法は，以下のとおり。

　・退職一時金：勤務期間（休職期間等を含む）

　・確定給付企業年金：支払金額の計算の基礎となつた期間（休職期間等の取扱いは，年金規約の定めによる）

　・確定拠出年金（企業型DC・iDeCo）：加入者期間（掛金を拠出した期間）

※４　他の私的年金制度等からの資産移換を受け入れた場合は，移換元の制度に係る勤続年数を加算する。

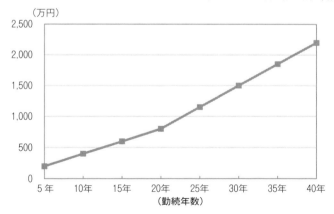

③　みなし退職手当における退職所得・一時所得の判定

　私的年金等から支払われる一時金給付（みなし退職手当）が退職所得と
みなされるためには，当該一時金が退職に基因して支払われることを要件
としています。唯一の例外は確定拠出年金（企業型DC・iDeCo）の老齢
給付金で，確定拠出年金の老齢給付金を一時金として受け取る場合は，退
職という事象の有無にかかわらず退職所得として課税されます。

　なお，退職に基因しない一時金給付（例：制度廃止に伴う分配金など）
や確定拠出年金からの脱退一時金は，一時所得として総合課税の対象にな
ります。また，私的年金等から支払われる一時金給付は，受け取る時期あ
るいは方法によって退職所得に該当するか一時所得に該当するかが異なる
ため，注意が必要です（図表 2 −21）。

図表 2 -21　みなし退職手当における退職所得・一時所得の判定

所得区分	制　度	具　体　例
退職所得	確定給付企業年金	退職に基因する一時金
		退職に準じた事実に基因する一時金（役員就任等に伴う打切支給など）
		年金受給開始前（待期中）に年金に代えて受け取る一時金
		年金受給開始後に年金に代えて受け取る一時金（全部選択）
	確定拠出年金	老齢給付金として受け取る一時金（60歳以降に受給）
一時所得	確定給付企業年金	退職に基因しない一時金（制度終了・廃止に伴う分配金など）
		退職日前に年金に代えて受け取る一時金
		年金受給開始後に年金に代えて受け取る一時金（一部選択）
	確定拠出年金	脱退一時金（60歳前に受給）

図表 2 -22　一時所得の算定式

一時所得＝（一時的な収入−必要経費−50万円）

総所得金額に算入される金額＝一時所得× 1 / 2

④　複数の退職手当を同時に受け取る場合の留意点

　退職手当は，１社あるいは１制度からのみ支給されるとは限らず，**複数の退職手当を同時に受け取る可能性**があります。会社員の方は，勤務先によっては，退職一時金，中退共，確定給付企業年金，企業型DCなどの制度のうち複数の制度を導入している場合があります。また，自営業者・フリーランスの方であっても，iDeCoや小規模企業共済に加入している場合や，過去に会社員として勤めていた時代に上記の退職給付制度から一時金を受給したことがある場合は，退職所得控除および収入すべき時期（課税年分）の取扱いについて下記の対応が求められます。

【収入すべき時期（課税年分）の取扱い】

　退職手当の課税年分は，原則として**給付事由が生じた日**（退職日，資格喪失日，一時金受給を選択した日など）の属する年分の所得となります。

　ただし，一の勤務先を退職することにより２以上の退職手当の支払いを受ける権利を有する場合，これらの退職手当の課税年分は**最初に支払いを受けるべき日の属する年分の所得**とされます。例えば，退職一時金と確定給付企業年金を併用している企業において2022年３月末の退職を事由に両制度から一時金給付を行う場合，確定給付企業年金から支給される一時金の受取を2022年から2027年まで繰下げたとしても，当該一時金の課税年分は2022年の所得として取扱います。

　唯一の例外は確定拠出年金（企業型DC・iDeCo）です。確定拠出年金から支給される一時金の課税年分は**支払日（支給期）の属する年分の所得**とされており，他の退職手当に左右されることはありません。

【退職所得控除の取扱い】

　同じ年に２以上の退職手当の支給を受ける場合，退職所得控除の計算に用いる勤続年数は，原則として(i)それぞれの退職手当の中で最も長い期間

によって計算します。ただし，(i)の期間と重複しない期間があるときは，(ii)当該重複しない部分の期間と(i)の期間を加算した期間によって計算します。

　また，**前年以前4年内**に他の退職手当の支給を受けたことがある場合は，当該退職手当に係る勤続期間との重複期間を控除し，以前に支払われた退職手当と**退職所得控除の枠を共有**します。前年以前4年内とは，「退職日あるいは支払日の属する年の前年から4暦年内」を意味します。例えば，2022年9月末の退職を事由に支給される退職一時金の場合，退職日の属する年（2022年）の前年から4歴年内，すなわち2018年1月1日から2021年12月31日までを指します。

　なお，確定拠出年金（企業型DC・iDeCo）の老齢給付金を一時金として受け取る場合のみ，前年以前4年内を**前年以前19年内**と読み替えて適用します。確定拠出年金では受給開始時期を60歳から75歳の間で受給者が自由に選択できるため，受給開始を最大限遅らせる可能性を考慮して19年（＝4年＋（75歳－60歳））としたものと推察されます。

　次ページからは，上記の退職所得控除および課税年分の取扱いについて，具体的な数値例を用いて解説します。

〈ケース 1〉 異なる企業から退職手当等を受給する場合

図表 2 −23は，2 つの企業（A 社・B 社）に勤務した者が，それぞれの企業から退職一時金を受け取るケースを図示しています。

A 社または B 社から支払われる退職金の課税年分は，いずれも**退職日（＝給付事由が生じた日）の属する年分の所得**となります。

A 社から支払われた退職金の給付事由が生じた日が B 社から支払われる退職金の給付事由が生じた日（2022年 3 月末）から起算して「前年以前 4 年内」に該当する場合は，**A 社の退職金と B 社の退職金で退職所得控除の枠を共有**します（図表 2 −23上段）。一方，前年以前 4 年内に該当しない場合は，**B 社の勤続年数のみに基づき計算した退職所得控除額を使用**します（図表 2 −23下段）。

図表 2 −23　異なる企業から退職手当等を受給する場合〈イメージ〉

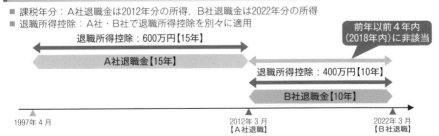

71

〈ケース２〉 退職一時金と確定給付企業年金を併用する場合

図表２−24は，退職一時金と確定給付企業年金（DB）を併用する企業に勤める者が，それぞれの制度から一時金を受け取るケースを図示しています。

本件は「２以上の退職手当の支払いを受ける権利を有する場合」に該当するため，課税年分は「最初に支払を受けるべき日の属する年分の所得」すなわち**退職という事由が生じた2018年分の所得**になります。なお，確定給付企業年金では，規約の定めにより一時金の受給時期を繰り下げることができる場合がありますが，本件では，DBの課税年分は**繰下げ受給をする時期にかかわらず2018年分の所得**として扱います。

また，本件では，退職一時金およびDBの課税年分は同じ（2018年）になるため，**退職一時金とDBで退職所得控除の枠を共有**します。

図表２−24　退職一時金と確定給付企業年金を併用する場合〈イメージ〉

- 課税年分：退職一時金・DB一時金ともに2018年分の所得
- 退職所得控除：退職一時金とDBで退職所得控除の枠を共有（課税年分が同一のため）

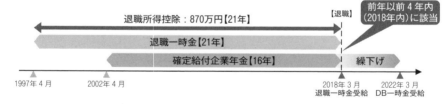

〈ケース３〉 退職一時金と確定拠出年金を併用する場合

　図表２−25は，退職一時金と確定拠出年金（DC）を併用する企業に勤める者が，それぞれの制度から一時金を受け取るケースを図示しています。

　退職一時金の課税年分は**退職日（＝給付事由が生じた日）の属する年分の所得**，DCの課税年分は**支払日（支給期）の属する年分の所得**とされます。

　退職一時金の給付事由が生じた日がDCの支給日（2022年３月末）から起算して「前年以前19年内」に該当する場合は，**退職一時金とDCで退職所得控除の枠を共有**します。逆に，DCの支給日が退職一時金の給付事由が生じた日（2022年３月末）から起算して「前年以前４年内」に該当しない場合は，退職一時金の勤続年数のみに基づき計算した退職所得控除額を使用します。

図表２−25　退職一時金と確定拠出年金を併用する場合〈イメージ〉

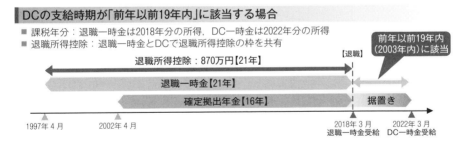

73

　会社員や公務員は，現役時代に確定申告を行う方はごく少数ですが，定年退職して年金受給者になると，確定申告とは無縁ではいられません。年金収入は給与と同様に源泉徴収されるものの，**年末調整のようなしくみがないため**，確定申告により税金の過不足を精算する必要があるからです。

　一方で，年金受給者には「公的年金等に係る確定申告不要制度」が適用されます。これは，年金受給者の確定申告手続に伴う負担を減らす観点から，①公的年金等の収入金額の合計額が400万円以下，②公的年金等に係る雑所得以外の所得金額が20万円以下，という2つの要件に該当する場合は，確定申告を不要とする措置です。ところで，確定申告不要制度の対象となる年金受給者は，本当に確定申告をしなくても良いのでしょうか。

源泉徴収される金額が「正しい」とは限らない

　年金等に係る源泉徴収では，支払者（日本年金機構，企業，金融機関など）が税額を概算徴収して税務署に納付します。しかし，支払者は納税者（年金受給者）の年金以外の収入の状況や所得控除の利用状況を完全に把握することはできないため，源泉徴収額の計算および徴収に際しては，**「収入の一律▲％」など概算で源泉徴収せざるを得ません。**また，給与所得のように年末調整で精算するしくみがないため，源泉徴収税額と本来納付すべき税額との差額は，確定申告でしか精算することができません。

　例えば，公的年金は前年までに「公的年金等の受給者の扶養親族等申告書」を提出することで人的控除（基礎控除，配偶者控除など）の一部は反映されますが，物的控除（生命保険料控除，医療費控除など）を利用するためには，年金受給者であっても確定申告を行う必要があります。また，企業年金（確定給付企業年金・企業型DCなど）では，年金額の多寡にかかわらず年金額の7.6575％相当額が一律で源泉徴収されます。これは，当

該年金受給者に適用される所得税率が5％だった場合，本来負担すべき税額よりも高い金額が源泉徴収されていることを意味しており，確定申告を行うことで所得税が還付される可能性が高いと言えます。

個人住民税の申告はどのみち必要

前述の「公的年金等に係る確定申告不要制度」は，あくまで所得税（および復興特別所得税）に関するものであり，住民税の申告まで不要とするものではありません。公的年金等以外の所得がまったくない（＝0円）場合は，個人住民税の申告を不要とする自治体が多いものの，公的年金等以外の所得が1円でもあると個人住民税の申告はどのみち必要になります。

一方，所得税の確定申告を行うと，税務署から自治体に確定申告書等のデータが連携されるため，住民税の申告を別途行う必要はありません。

＊　＊　＊

以上の理由から，著者は，確定申告不要制度の対象となる年金受給者であっても，確定申告を行うほうがメリットは大きいと考えます。「確定申告は難しい」というイメージがあるかもしれませんが，税務署に相談すれば申告書の作成についてアドバイスしてくれますし，近年はインターネットでも申告書の作成および申告が可能です。

いずれにせよ，年金受給者だからといって確定申告を行わずにいると，本来還付されるはずの税金が戻ってこないという深刻な事態に陥りかねません。

第 2 章の復習

① 公的年金，企業年金，個人年金の特徴に最もふさわしい言葉を，次の3つからそれぞれ選んでみましょう。

貯蓄，保険，報酬

② 私的年金にはどのようなものがあるでしょうか。また，それぞれどのような税制優遇措置があるでしょうか。

③ 公的年金あるいは私的年金から支給される年金給付は，雑所得として所得税の課税対象となります。公的年金等に係る雑所得の特徴を確認しましょう。

④ 私的年金から支給される一時金給付（みなし退職手当）は，退職所得として所得税の課税対象となります。退職所得の特徴を確認しましょう。

第 3 章

シン・就労延長Plan

── 失われた「野性」を取り戻す！ ──

1 「働くこと」は最もシンプルな選択肢

(1) 「働かされる」ではなく「野性を取り戻す！」

　老後生活に限らず，家計を見直す最も根本的な方法は，「収入を増やす」「支出を減らす」および「その両方を行う」です。前者の収入を増やす方法はさらに，**自分で働いてお金を得る**ことと**お金に働いてもらう（資産運用）**ことに分かれます。これらの中でもっともシンプルかつわかりやすい方法は，何といっても「働くこと」です。しかし，この手の主張をすると，きまって「いつまで働けるかわからない」あるいは「死ぬまで働かせる気か！」という批判が出てきます。

　ところで，野生動物と人間の違いは何だと思いますか？

　野生の動物は，自分でエサを取れなくなると死んでしまう運命にあります。「エサを取ること＝働くこと」と捉えるならば，**野生動物は生涯現役を実践**していると言えます。

　一方，人間も太古の昔は野生動物と同じでしたが，文明の発展や医療・公衆衛生の発達のおかげで寿命が飛躍的に伸びた結果，その**生涯**が「**現役期**」と「**引退期**」に**二分**されるようになりました。とはいえ，人間もまた動物の一種です。エサを取る能力（＝稼ぐ力）は現役期のほうが優れているため，現役期のうちに老後に備える必要に迫られることになりました。

　しかし，寿命の伸長とともに，引退期が長期化しています。現役期を「60歳まで」と固定化することは，果たして本当に適切なのでしょうか？

　WPPモデルでは，高齢期も働けるうちはできるだけ長く働くことを提唱していますが，その本質は，「死ぬまで働け！」ではなく「**少しだけ野性を取り戻そう！**」というものです（図表3－1）。野生の取り戻し方は人それぞれです。自分のペースで働けばよいのです。

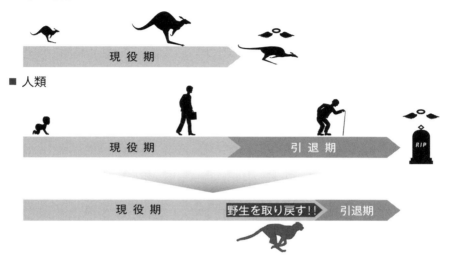

図表3−1 野生を取り戻す！

■ 野生動物

■ 人類

(2) 「働くこと」は資産運用よりも確実な収入源

　もちろん，就労延長がすべての高齢者にとってあるべき姿であるとまでは断言できません。人によっては「定年後は悠々自適でのんびり暮らしたい」とお考えの方もいるでしょうし，また，働きたくても事情があって働けない方や，働くこと自体に苦痛を感じる方がいらっしゃることも重々承知しています。

　しかし，老後生活を就労延長（W）・私的年金等（P）・公的年金（P）の3本柱でリリーフする観点からは，先発投手（就労延長）が登板しないとなると，中継ぎ陣（私的年金等）と抑え（公的年金）だけでその穴を埋める必要があります。

　就労延長の最大の利点は，資産運用とは異なり，確実に収入が得られることにあります。例えば，定年後の再雇用で60歳から65歳まで月15万円の

収入で働く場合，年収は180万円（＝15万円×12月），5年間の収入総額は900万円（＝180万円×5年）になります。**資産運用だけでこれと同額を稼ぐのは至難の業**です。投資や資産運用の役割はあくまで「中継ぎ」であり，先発や抑えを任せるには荷が重いと言わざるを得ません。

　また，定年退職者にありがちな行動パターンとして，資産運用の経験がろくにないのに，得体の知れない金融商品に虎の子の退職金をつぎこんで大損する——という話を巷で耳にします。これに対し，**働くことは誰もが一度は経験しているはず**なので，資産運用のように怪しい商品を掴まされるリスクは低いと言えます。

　いずれにせよ，「自分の金融リテラシーに自信がない」あるいは「私的年金を利用できる環境にない」とお考えの方ほど，その穴は就労延長で埋めるのが効果的です。**中継ぎ陣（私的年金等）が手薄な状況では先発投手（就労延長）の役割が重要**になることは，野球もWPPも同じです。

(3) 「働くこと」は老後の家計収支を劇的に改善する

　老後の家計収支に関する話題では，統計上の平均値を持ち出して「老後生活では月▲万円の赤字が発生する！」と老後不安だの老後破産だのを煽るメディア報道や金融商品の広告が後を絶ちません。確かに，年金だけで生活する無職世帯の状況を集計すると，集計年次によるものの，**月に約2～5万円の赤字（支出超過）**となるようです（⇒28ページ参照）。

　しかし，働いている高齢者世帯の家計収支の状況をみると，年金以外にも収入があるぶん無職世帯よりも収入が多くなるうえ，**年代にかかわらず家計収支は黒字**を保っています（図表3－2）。**働くことは老後の家計収支の改善に劇的な効果がある**ことがおわかりいただけるかと思います。逆に，「定年後は悠々自適でのんびり暮らしたい」とお考えでしたら，現役時に相応の老後資金を準備しておく必要があることは認識しておきましょう。

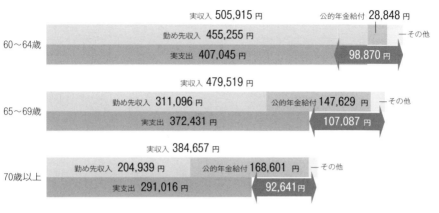

図表 3 － 2　　高齢者世帯（勤労者）の家計収支（2021年）

（出所）　総務省統計局「家計調査年報（家計収支編）」（2021年）

2 高齢期も働ける環境が整備されつつある

(1) 高齢者は昔よりも若返っている!?

日本では2016年に翻訳・刊行された『ライフ・シフト（LIFE SHIFT）』（リンダ・グラットンほか著）は，最新の医学研究等を踏まえ，人類が健康に長く生きる時代に突入したことを説いて大きな反響を呼びました。

また，2017年1月には，日本老年学会および日本老年医学会が，<u>高齢者の定義を75歳以上にすべき</u>と合同で提言しました。（正確には，65～74歳：准高齢者，75～89歳：高齢者，90歳以上：超高齢者）。両学会は，高齢者の定義を再検討するワーキンググループを合同で立ち上げ，高齢者の定義についてさまざまなデータに基づき分析した結果，<u>現在の高齢者は10～20年前と比較して5～10年ほど若返っており</u>，特に65歳から74歳の層は，心身の健康が保たれており活発な社会活動が可能な人が大多数を占めていると発表しました。

確かに，テレビに出演している往年の俳優・タレントの年齢が画面に表示されると，「えっ，もうそんな年齢なの!?　全然若いじゃない！」と驚くことが最近は増えました。芸能人に限らず，周囲を見渡しても，加齢を感じさせない容姿や行動力を兼ね備えた60代・70代の方が増えています。いずれにせよ，<u>「65歳はお年寄り」</u>という<u>固定観念からそろそろ脱却</u>する必要がありそうです。

(2) 年齢にかかわらず働ける環境が整備されつつある

わが国では現在，高齢者が年齢にかかわらず意欲と能力に応じて働ける環境が順次整備されつつあります。

高年齢者雇用安定法の改正により，2013年4月からは，<u>65歳までの高年</u>

齢者雇用確保措置として，①65歳までの定年の引上げ，②65歳までの継続雇用制度の導入，③定年の廃止，のいずれかの措置を講じることが義務づけられました。

　また，同法はさらに改正され，2021年4月からは，**70歳までの高年齢者就業確保措置**として，①70歳までの定年引上げ，②70歳までの継続雇用制度の導入（他の事業主によるものを含む），③定年制の廃止，④70歳まで継続的に業務委託契約を締結する制度の導入，⑤70歳まで継続的に社会貢献事業等に従事できる制度の導入，のいずれかの措置を講じることが努力義務とされています。

(3)　働く高齢者は実際に増えている

　そして，60歳以降も働く高齢者は実際に増加しています。2021年時点の高齢者の就業率は，60〜64歳で71.5％，65〜69歳で50.3％，70歳〜74歳で32.6％となっており，**60代前半の7割以上，60代後半の過半数，70代前半の3割以上**が何らかの形で働いている計算になります（図表3－3）。

図表3－3　高齢者の就業率の推移

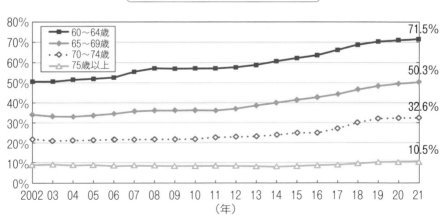

※　就業率は，「就業者÷15歳以上人口」で算出。
（出所）　総務省統計局「労働力調査（基本集計）」各年盤

3 高齢期の「働き方」はさまざま

「働けるうちはなるべく長く働こう」という主張に対する最も多い反論は，「歳を取ってから現役時代と同じ働き方をするのは無理」というものです。しかし，これは「働く＝フルタイム勤務」という固定観念がもたらす誤解です。**高齢期の働き方は多種多様**であり，現役期と同じ働き方をするかどうかは自分で決めればよいのです。

高齢期に想定される主な働き方は，図表3－4のとおりです。

図表3-4　高齢者のさまざまな働き方（例）

	メリット	デメリット
再雇用 継続雇用	■ 比較的安定している ■ 将来の年金額の増加が期待できる	■ 待遇が変わる（給与・賞与の引下げ） ■ 立場が変わる（役職付きからヒラへ）
転職	■ 現役期に培ったスキルを活かせる ■ 現役期と同等あるいはそれ以上の待遇も期待できる	■ 新しい環境に飛び込んで人間関係などを一から構築する必要がある
フリーランス	■ 現役期に培ったスキルを活かせる ■ 自由・気楽に働ける	■ 収入が不安定 ■ 将来の年金額の増加は期待できない
起業 （会社設立）	■ 現役期に培ったスキルを活かせる ■ 一国一城の主になれる	■ 事業に係るリスクをすべて負う ■ 責任が重い
パート アルバイト	■ 自由・気楽に働ける ■ 自分の時間を優先できる	■ 収入が不安定 ■ 将来の年金額の増加は期待できない

(1)　再雇用・継続雇用

　会社員の高齢期の働き方としてまず考えられるのは，**これまで勤めていた勤務先で働き続ける**ことです。勝手を知っている環境で引き続き働けるうえ，厚生年金保険や企業年金に加入していれば将来の年金額の増加が見込めるのがメリットです。

　一方で，給与は一般的に下がる傾向にあるほか，かつての部下が上司になったりするなど，待遇や立場の変化によってかえって働きにくくなったりやる気をなくしたりするかもしれません。

(2)　転　職

　現役期に培ったスキルを活かしたいなら，そのスキルを活かせる所を探して転職するのも1つの方法です。転職先が厚生年金保険や企業年金に加入していれば将来の年金額の増加が見込めるほか，転職先との交渉次第では**現役期と同等あるいはそれ以上の待遇も期待**できます。

　ただし，新しい環境に飛び込んで人間関係などを一から構築する必要があります。

(3)　フリーランス

　現役期に培ったスキルを活かすなら，転職だけでなくフリーランスとして働く方法もあります。**会社員よりも自由に働ける**のが最大のメリットですが，会社という後ろ盾がないため，自分の腕一本で挑戦することが求められます。

(4)　起業（会社設立）

　現役期に培ったスキルや人脈を活用するなら，起業という道も考えられます。一国一城の主として自分の得意分野で活躍することに，年齢は関係ありません。

しかし，事業に係るリスクをすべて負う必要があるほか，人を雇うとなると従業員の生活もかかってくるため，責任はかなり重くなります。

⑸　パート・アルバイト

　引退したらそんなにガツガツ働きたくないという場合は，パートやアルバイトとして働くのも手です。働き口は，求人サイトやシルバー人材センターなどで探すことができます。シフト制なので**自分の時間を優先して自由に働くことが可能**です。ただし，時給制なので収入は安定しない場合もあります。

老後の働き方は多種多様

Column　就労延長がもたらす副次的な効果

　高齢期の就労延長（Work longer）がもたらすのは，安定かつ確実な稼得収入だけではありません。

　高齢期も引き続き就労している方にその理由を聞くと，就労という形で社会参加することで，**社会とのつながりを保ちつつ心身の健康も維持できる**という回答が思いのほか多いことに驚きます。いくら現役期に莫大な資産を準備できたとしても，それをただ取り崩すだけの生活が続くと，人間は不安になるものです。わずかな金額でよいので，働いて収入を得るほうが心の安定につながります。新しい職場で人と接することで，改めて学ぶこともあるでしょう。

　いずれにせよ，定年後も働けるうちはなるべく長く働いて将来の公的年金を増やすとともに，繰下げ受給を活用して終身給付の厚みをさらに増やすことが「長生きリスク」への最大の備えになる──というのが，昨今の年金制度改革の方向性です。

第 3 章の復習

① 野生動物と人間の違いは何でしょうか。

② 次の空欄に当てはまる言葉は何でしょうか。

□□□□□□□ は老後の家計収支の改善に劇的な効果が

ある。

③ 高齢期の働き方にはどのようなものがあるでしょうか。
その働き方のメリットとデメリットについても併せて確
認しましょう。

第**4**章

シン・公的年金の受給Plan

―― 「繰下げ受給」で終身給付の厚みを増す ――

1 「終身給付」の厚みをいかに増すか

　何度も繰り返し主張して恐縮ですが，公的年金は長生きリスクに備える保険であり，その最大の機能は何と言っても終身給付（終身年金）の提供にあります。

　一方で，上記の主張に対して，「私が昔加入した個人年金保険のほうが商品性が良い」あるいは「最近はトンチン年金（死亡保障や解約返戻金を減らして生存保障を手厚くした終身タイプの個人年金保険）も販売されているし，そちらのほうが良い」といった反論がたまに聞かれます。

　確かに，バブル崩壊前のような予定利率が5.5％でも「保守的」とされていた時代であれば，個人年金保険も有力な選択肢になり得ました。しかし，そもそも著者がWPPモデルを提唱するに至ったのは，1990年代以降の低金利・マイナス金利環境の常態化により，民間の私的年金市場における効率的な終身給付の提供が困難と化したことが背景にあります。また，一部の層（長生きする自信のある層）が加入する傾向にある民間のトンチン年金よりも，全国民をまとめて強制加入させる公的年金保険こそ最強のトンチン年金です。さらに，公的年金保険には老齢給付だけでなく遺族・障害給付も付帯されており，総合保険としての機能性の高さは民間保険とは比べものになりません。

　公的年金だけで老後の支出のすべてを賄うのは難しいにしても，老後の家計の「土台」になるのは，終身で受け取れる公的年金しかありません。本章では，終身給付たる公的年金の厚みを増す（＝増額）ための方策として，「繰下げ受給」の概要とその効果を解説・検証します。

2　公的年金は当てにしていいの!?

(1)　半世紀も前からささやかれている「年金破綻」

　公的年金にまつわるマスメディアの否定的な報道は後を絶ちませんが，ここまで執拗に報道されるのを耳目にすると，「明日にも破綻するのではないか」「昔よりも状況がかなり悪化しているんだろうな」と，つい鵜呑みにしてしまいがちです。

　ところが，過去の新聞・雑誌等の記事を紐解いてみると，**年金破綻や老後不安は1970年代初頭から報道**されていたことがわかります。1970年代というと，少子高齢化は今ほど深刻ではなかったし，政策金利も5～8％台で安定して推移するなど，現在からみれば夢のような環境でした。しかし，そうした環境下においても不平・不安の種を見出し，「高齢者は経済弱者だからもっと優遇せよ！」と主張する一方で，「高齢者は不当に優遇され過ぎだ！」という主張も取り上げて対立を煽るのは，危機や不安に敏感に反応する人間の本能に訴えるのがマスメディアのビジネスモデルだと頭ではわかっていても，やりきれない思いを感じます。

　ともあれ，公的年金は今もなお健在であり，毎年50兆円規模の年金給付を行う役割を粛々と担っています。公的年金の持続可能性は，**半世紀以上にわたるマスメディアからのバッシングに耐え得る程度には盤石**だと著者は考えます。これが民間企業だったら，おそらくひとたまりもないことでしょう。

(2)　「信頼」は無いけど「頼り」にされている公的年金

　本書の冒頭（8ページの図表1－1）でも述べたとおり，「老後の生活が心配である」あるいは「老後に不安を感じる」と回答した人の割合は，

一貫して80％前後の水準で推移しています。それでは，こうした方々は老後生活に対してどのように備えようとしているのでしょうか。

　生命保険文化センターの調査によると，老後生活に対する今後の準備意向について**「準備意向あり」と回答した者の割合は一貫して70％前後**の水準で推移しており，一見すると老後準備に対する意識が高そうに見えます（**図表4－1**）。しかし，「準備意向あり」を細分化すると，「すぐにでも準備」と回答した者は1割にも満たず，過半数は「いずれは準備」と回答しており，**意識の割には行動が伴っていない実態**が浮き彫りとなります。関西人風に言うと「行けたら行く」というやつです。

　また，前述の生命保険文化センターや金融広報中央委員会の調査による

図表4－1　老後保障に対する今後の準備意向

	すぐにでも準備	数年以内には準備	いずれは準備	準備意向あり	準備意向なし	わからない
1998	5.2%	11.6%	52.2%	69.0%	24.7%	6.3%
2001	4.9%	11.4%	53.4%	69.6%	23.3%	7.1%
2004	5.7%	11.1%	52.1%	68.9%	24.7%	6.4%
2007	5.1%	12.8%	52.9%	70.8%	22.4%	6.9%
2010	7.1%	14.0%	50.6%	71.7%	23.2%	5.1%
2013	6.9%	14.9%	52.9%	74.7%	22.2%	3.1%
2016	6.5%	13.7%	52.2%	72.4%	23.0%	4.6%
2019	6.0%	15.6%	53.4%	75.0%	19.5%	5.5%
2022	5.9%	14.6%	47.2%	67.6%	28.1%	4.3%

（出所）　生命保険文化センター「生活保障に関する調査」各年版

と，**公的年金を老後の生活資金源にする人の割合は一貫して70～80％台の**水準で推移しています（図表4－2）。つまり，公的年金は，**多くの国民から不信感を持たれつつも何だかんだで頼りにされている**という微妙な立場にあることがわかります。

　結局のところ，公的年金に対するイメージは，現役期は「給与から天引きされる社会保険料の大きさ」や「マスメディアや学者・専門家による否定的な言説」の影響からネガティブな印象を抱くものの，引退期に入ると粛々と年金を受け取りはじめ，やがて静かになる——文句は言わなくなるが，あえて感謝も口にしない——というのが実情ではないでしょうか。

図表4-2　公的年金を老後の生活資金源にする者の割合

	金融広報中央委員会[※1]	生命保険文化センター[※2]
1998	74.4%	82.0%
2001	75.3%	84.3%
2004	72.5%	83.3%
2007	88.1%	84.6%
2010	87.7%	87.2%
2013	87.4%	86.5%
2016	88.8%	87.5%
2019	88.5%	86.7%
2022	86.3%[※3]	87.0%

※1　金融広報中央委員会の調査は，世帯主年令60歳以上の世帯の回答（3つまでの複数回答）。
※2　生命保険文化センターの調査は，18～69歳の個人の回答（複数回答）。
※3　2021年時点の数値。
（出所）　金融広報中央委員会「家計の金融行動に関する世論調査」各年版
　　　　　生命保険文化センター「生活保障に関する調査」各年版

3 公的年金を増額する最後の一手「繰下げ受給」

公的年金の給付額は，国民年金では加入期間（保険料納付期間・免除期間），厚生年金保険では勤続期間および給与の額（標準報酬）を基に算定されるため，一般的には現役期の働きぶりに比例して金額が大きくなります。しかし，受給開始の間際に，個人の選択により給付額を増やせる「最後のチャンス」があるのをご存知でしょうか。それが公的年金の「繰下げ受給」です。

(1) 繰下げ受給のしくみ

繰下げ受給は，法定上の支給開始年齢である65歳から公的年金を受け取るのではなく，66歳以降70歳までの間で申し出た時点から受け取り始める

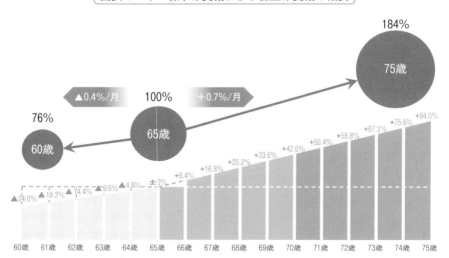

図表 4 － 3　繰下げ受給および繰上げ受給の概要

しくみです（図表4－3）。繰下げ時期は月単位で指定でき，<u>1か月繰り下げるごとに年金額は0.7％増額</u>されます。上限である75歳まで10年間繰り下げると，年金額は最大で84％（＝0.7％×12か月×10年）増額される計算になります。なお，公的年金は終身年金（終身給付）なので，<u>増額された年金額を終身にわたり（＝亡くなるまで）受け取る</u>ことができます。

　一方，公的年金には，60歳以降の希望する時点から年金を受け取り始める「繰上げ受給」というしくみもあります。65歳よりも前に年金を受給開始できる代わりに，年金額は1か月繰り上げるごとに0.4％減額されます。上限である60歳まで5年間繰り下げると，年金額は最大で24％（＝0.4％×12か月×5年）減額される計算になります。

(2)　意外と自由度が高い手続方法・受取方法

　繰下げ受給の最大のメリットは，何と言っても年金額が増額されることに尽きますが，それ以外にも，しくみの自由度が高いことも挙げられます。

　まず，繰下げ受給を行うときは，「いつから受給開始するか」を事前に申請する必要は一切ありません。66歳以降（65歳から66歳到達までの1年間は不可）の<u>受給したくなった時点で請求すればよい</u>のです。

　また，請求手続きを行う前であれば<u>受給開始時期の変更も可能</u>です。例えば，当初は72歳まで繰り下げようと考えていたものの，気が変わったから68歳から受給開始するといったことも可能です。ただし，ひとたび受給開始すると，もはや後戻りはできません。

　繰下げ受給の受取方法には，<u>①繰下げにより増額された年金額を受給する方法</u>と，<u>②65歳から受給開始時期までの未受給分を一括受給したうえで増額されない年金額を受給する</u>，という2つの方法を選択できます。例えば，68歳で年金受給を申請する場合，①増額された年金額を68歳から受給する方法と，②65歳から67歳までの未受給分を一括で受給し，68歳からは増額されない従前の年金額を受給開始する方法，のいずれかを選択できま

す。例えば，繰下げをしている最中に入院や事故等により多額の出費が必要になった場合は，後者の方法を選択することも1つの方法です。ただし，未支給年金を一括で受け取る場合，過去に遡って確定申告の修正（修正申告）が必要となる場合があるのでご注意ください。

　さらに，老齢厚生年金および老齢基礎年金双方の受給権がある場合，繰下げ時期を別々に設定することもできます。

　このように，公的年金の繰下げ受給は，受給開始時期や受取方法を柔軟に選択でき，かつライフプランの変化にも対応できる，意外と自由度の高いしくみとなっています。

(3)　繰下げ受給の留意点

　とはいえ，繰下げ受給にも留意点がいくつかあります。

　第一に，繰下げをしている最中は当然ながら公的年金を受給できないため，その間の生計費は別途準備しておく必要があります。

　第二に，就労しながら老齢厚生年金を受給すると，年金額の全部または一部が支給停止される「在職老齢年金」の対象になりますが，在職老齢年金による支給停止部分は繰下げによる増額の対象外となります。

　第三に，老齢厚生年金の受給開始時点で65歳未満の配偶者あるいは18歳未満の子供がいる場合は，加給年金の存在も考慮する必要があります。加給年金とは，老齢厚生年金におけるいわば「家族手当」のようなものですが，これは老齢厚生年金を受給しないと受け取れません。仮に受給開始時期を70歳まで繰り下げた場合，配偶者に係る加給年金額（おおむね40万円程度）は5年間の累計で約200万円（＝40万円×5年）が受給できない計算になります。ただし，加給年金は老齢厚生年金に上乗せされるしくみなので，老齢基礎年金のみを繰り下げるとともに老齢厚生年金は繰り下げずに65歳から受給すれば，加給年金を受け取ることができます。

　最後に，繰下げ受給により増額されるのは老齢基礎年金，老齢厚生年金

および付加年金だけであり，**遺族年金，障害年金，加給年金等は繰下げに
よる増額の対象外**です。また，60歳代前半で受給する特別支給の老齢厚生
年金（特老厚）も繰下げ受給の対象外です。

> 図表4-4　繰下げ受給のメリットおよび留意点

▌メリット

- 年金額が増加する（上限の75歳まで繰下げた場合，年金額が最大で約84%増加）
- 受給開始したいと思った時に請求手続きをすればよい（事前に申請する必要は無い）
- 請求前であれば受給開始時期の変更は自由（一旦受給開始すると変更は不可能）
- 請求時に，①繰下げによる増額受給か②遡及受給（増額なし&未支給分を一括受給）を選択可能
- 老齢基礎年金と老齢厚生年金は別々に受給開始時期を選択できる
  （老齢基礎年金のみを繰下げれば，加給年金は65歳から受給可能）

▌留意点

- 繰下げをしている最中は，他の手段で生活資金を得る必要がある
- 65歳前に支給される「特別支給の老齢厚生年金」は繰下げの対象外
- 「加給年金」「振替加算」「遺族年金」は繰下げの対象外
- 在職老齢年金による調整が行われた場合，支給停止部分は増額されない
- 年金収入の増加により税・社会保険料負担が増える（**手取り額**でみた実質的な増額率は小さくなる）

(4)　繰下げ受給が利用されていない理由

　老齢基礎年金および老齢厚生年金における繰下げ受給の利用状況は，受
給者全体の1～2%程度と芳しくありません。しくみ自体が知られていな
いことや，繰下げしている最中の「無年金状態」に耐えられるだけの経済
的な余力が必要なことなどが要因と考えられます。

　しかし，この結果だけを見て「繰下げ受給はデメリットが多いから利用
されていない」と考えるのは早計です。繰下げ受給の利用が進まない最大
の要因は，現在の老齢厚生年金の受給者は**特別支給の老齢厚生年金（60～
64歳まで支給）が受給可能**な世代であり，60歳代前半で受給開始すると65
歳以降もそのまま受給するのが慣行化していることにあります。受給開始

した年金を65歳でいったん取りやめるのは人間の行動習性に照らすと難しいと言わざるを得ません。

　一方で，新たに年金を受給し始める者（新規裁定者）の動向を見ると，繰下げ受給を選択する者の割合は老齢基礎年金も老齢厚生年金もじわりじわりと増加傾向にあります（**図表4-5**）。いわゆる「人生100年時代」の到来に備えて，繰下げ受給のメリットに着目する層が増えているのは確かなようです。

　そして，生年月日が1961年4月2日以後の男性（および1966年4月2日以後の女性）からは，特別支給の老齢厚生年金が廃止され，公的年金の65歳受給開始がいよいよ標準化します。繰下げ受給が本格的に活用されるようになるのは1961年生まれの世代が65歳を迎える2026年4月以降になるものと推察します。

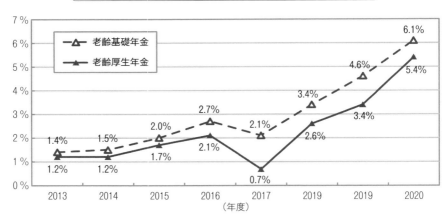

図表4-5　新規裁定者の繰上げ・繰下げ受給の選択状況

※1　老齢基礎年金の繰上げ・繰下げの状況は，老齢厚生年金の受給権がない老齢基礎年金の受給権者のみを対象としている。
※2　2016年度以前の老齢厚生年金の繰下げ受給には，当該受給権者のうち基礎年金のみを繰下げた者も含まれており，2017年度以降の数値とは連続していない。
（出所）　厚生労働省「厚生年金保険・国民年金事業年報」各年度版

4　繰下げ受給の効果を試算する

　前述のとおり，繰下げ受給および繰上げ受給によって公的年金の給付額は増減します。ただし，増減する年金額は**あくまで名目上（額面）のもの**です。老齢基礎年金および老齢厚生年金の給付額からは，税および社会保険料が天引き（源泉徴収・特別徴収）されますが，これらの税・社会保険料は，収入（年金額）が増えるほどその負担額も大きくなる傾向にあります。

　公的年金は長生きリスクに備える保険であり，**損得計算は本来なじまないものの**，本節では，公的年金の繰下げ受給および繰上げ受給の効果を定量的に明示するため，**税・社会保険料控除後の「手取り額」であえて比較検証**してみます。

(1)　「手取り額」試算の前提条件

　今回の手取り額の試算に係る前提条件は，**図表4－6**のとおりです。このうち特に注意すべきは，住民税および社会保険料（国民健康保険料・介護保険料・後期高齢者医療保険料）です。所得税は居住地にかかわらず全国一律のルールで算出するのに対し，住民税と社会保険料は**居住地や扶養家族の有無によって金額が異なります**。また，手取り額は，①適用される社会保険制度の変更，②保険料の改定，③扶養人数の変動，④税制・社会保険制度の改正，などによって随時変動します。

　上記のほか，試算を簡潔に行う観点から，①夫婦2人のみ世帯を対象，②世帯収入は夫の公的年金収入のみを考慮，③年金は老齢給付のみを考慮（在職老齢年金や加給年金等は考慮しない），④税金は所得税および住民税のみを考慮（固定資産税やふるさと納税などは考慮しない），⑤所得控除は基礎控除，配偶者控除および社会保険料控除のみを考慮（生命保険料控

除などは考慮しない），などの前提条件を設けています。

<figure>

図表4-6 「手取り額」計算の前提条件

前提条件
- ■ 世帯：夫婦2人のみ（同年齢）
- ■ 世帯収入：夫の公的年金収入のみ
  - ● 夫は公的年金収入のみ（それ以外の収入なし），妻は収入なし
- ■ 年金収入：老齢厚生年金・老齢基礎年金のみ
  - ● 加給年金，配偶者特別加算，振替加算，離婚分割等は考慮しない
  - ● 在職老齢年金あるいは雇用保険との併給調整は考慮しない
- ■ 税金：所得税・住民税のみ
  - ● 必要経費：公的年金等控除（公的年金等以外の合計所得金額1,000万円以下）のみ考慮
  - ● 所得控除：基礎控除（合計所得金額2,400万円以下），配偶者控除（同900万円以下），社会保険料控除のみ考慮
  - ● 社会保険料控除は国民健康保険（69歳まで），介護保険（65歳以降），後期高齢者医療制度（75歳以降）のみ考慮
  - ● 上記以外の税（固定資産税，ふるさと納税など）や所得控除（生命保険料控除，医療費控除等）は考慮しない

所得税
- ■ 税率：所得に応じて7段階（5％・10％・20％・23％・33％・40％・45％）
- ■ 人的控除：基礎控除48万円，配偶者控除38万円

住民税（東京都新宿区の場合）
- ■ 所得割：標準税率10％（市町村民税6％・道府県民税4％）
- ■ 均等割：標準税額5,000円（市町村民税3,500円，道府県民税1,500円）
- ■ 人的控除：基礎控除43万円，配偶者控除33万円
- ■ 税額控除：調整控除（所得税と住民税の人的控除額の差に基づく調整）のみ反映

〈住民税の非課税措置〉
- ■ 均等割の非課税措置：合計所得金額が一定以下の者
  - ● 生活保護基準1級地：35.0万円×（本人・控除対象配偶者・扶養親族の合計人数）＋21.0万円以下
  - ● 生活保護基準2級地：31.5万円×（本人・控除対象配偶者・扶養親族の合計人数）＋18.9万円以下
  - ● 生活保護基準3級地：28.0万円×（本人・控除対象配偶者・扶養親族の合計人数）＋16.8万円以下

</figure>

■ 所得割の非課税措置：総所得金額等が一定以下の者
- ● 35.0万円×（本人・控除対象配偶者・扶養親族の合計人数）＋32.0万円

国民健康保険（東京都新宿区の場合）

■ 毎年改定
■ 保険料＝均等割（人数比例）＋所得割（所得比例）＋平等割（1世帯当たり定額）

〈保険料の計算方法（2022年度価格）〉

	所得割	均等割	平等割
医 療 分（上限65万円）	算定基礎額※×7.16%	42,100円×世帯加入者数	なし
支援金分（上限20万円）	算定基礎額※×2.28%	13,200円×世帯加入者数	なし
介 護 分（上限17万円）	算定基礎額※×2.04%	16,600円×世帯加入者数	なし

※算定基礎額＝総所得金額等－基礎控除（43万円）

〈保険料の減免措置（2022年度価格（抜粋））〉

■ 均等割額の軽減措置：　合計所得金額が一定以下の者
- ● 世帯の総所得金額等が43万円以下：　均等割額を7割軽減
- ● 世帯の総所得金額等が43万円＋28.5万円×世帯加入者数以下：均等割額を5割軽減
- ● 世帯の総所得金額等が43万円＋52万円×世帯加入者数以下：均等割額を2割軽減

※65歳以上の者で年金所得がある場合，年金所得からさらに15万円控除

介護保険（東京都新宿区の場合）

■ 原則3年ごとに改定，合計所得金額に比例して決定

〈第1号被保険者の介護保険料（2022年度）〉

		所 得 区 分		保険料（年額）	基準額割合
第1段階	世帯全員が住民税非課税	生活保護等受給者，老齢福祉年金受給者など		19,200円	基準額×0.25
第2段階		本人の年金収入と合計所得金額の合計	80万円以下	26,880円	基準額×0.35
第3段階			80万円超 120万円以下	49,920円	基準額×0.65
			120万円超		
第4段階	本人が住民税非課税で世帯員が住民税課税		80万円以下	61,440円	基準額×0.80
第5段階			80万円超	76,800円	基準額
第6段階	本人が住民税課税	本人の合計所得金額	125万円未満	84,480円	基準額×1.10
第7段階			125万円以上 250万円未満	92,160円	基準額×1.20
第8段階			250万円以上 375万円未満	107,520円	基準額×1.40
第9段階			375万円以上 500万円未満	119,040円	基準額×1.55
第10段階			500万円以上 625万円未満	142,080円	基準額×1.85
第11段階			625万円以上 750万円未満	160,560円	基準額×2.09
第12段階			750万円以上 1,000万円未満	188,160円	基準額×2.45
第13段階			1,000万円以上 1,500万円未満	222,720円	基準額×2.90
第14段階			1,500万円以上 2,500万円未満	253,440円	基準額×3.30
第15段階			2,500万円以上 3,500万円未満	268,800円	基準額×3.50
第16段階			3,500万円以上	284,160円	基準額×3.70

後期高齢者医療制度（東京都後期高齢者医療広域連合の場合）

- 2年ごとに改定
- 保険料＝均等割（人数比例）＋所得割（所得比例）

〈保険料の計算方法（2022～23年度価格）〉

　46,400円×世帯加入者数＋算定基礎額※×9.49%　　（上限66万円）
　※算定基礎額＝総所得金額等－基礎控除（43万円）

〈保険料の減免措置（抜粋）〉

- 均等割額の軽減措置：　合計所得金額が一定以下の者
  - 世帯の総所得金額等が43万円以下：　均等割額を7割軽減
  - 世帯の総所得金額等が43万円＋28.5万円×世帯加入者数以下：均等割額を5割軽減
  - 世帯の総所得金額等が43万円＋52万円×世帯加入者数以下：均等割額を2割軽減
  ※65歳以上の者で年金所得がある場合，年金所得からさらに15万円控除
- 所得割額の軽減措置：　合計所得金額が一定以下の者
  - 算定基礎額が15万円（公的年金収入のみの場合は168万円）以下：所得割額を50%軽減
  - 算定基礎額が20万円（公的年金収入のみの場合は173万円）以下：所得割額を25%軽減

(2)　「手取り額」の試算

　前述の**図表4－6**の前提条件に基づき，厚生年金モデル（年額240万円）および基礎年金のみモデル（年額80万円）の受給者について，東京都新宿区における2022（令和4）年度の住民税および社会保険料の計算式に基づいて試算した手取り額は，**図表4－7**のとおりです。

①　厚生年金モデル（年額240万円）の場合

　今回の手取り額の試算では，適用される税制や社会保険制度が年齢とともに変わることから，(i)60～64歳，(ii)65～74歳，(iii)75歳以上の3つの年齢階層に区分して試算しています。社会保険（主に医療保険）は，(i)では国民健康保険，(ii)では国民健康保険および介護保険，(iii)では後期高齢者医療制度がそれぞれ対象となります。また，公的年金等控除は，(i)と(ii)(iii)とでは計算方法が異なります。

図表４-７　公的年金の手取り額の試算

〈厚生年金モデル（年額240万円）：2022年度〉

	60〜64歳		65〜74歳		75歳〜	
①年金収入（年額）	240.0万円		240.0万円		240.0万円	
②公的年金等控除額	87.5万円		110.0万円		110.0万円	
③合計所得金額（＝①−②）	152.5万円		130.0万円		130.0万円	
④社会保険料控除	27.0万円		26.3万円		21.2万円	
国民健康保険料	27.0万円		17.1万円		――――	
介護保険料	――――		9.2万円		9.2万円	
後期高齢者医療保険料					12.0万円	
	所得税	住民税	所得税	住民税	所得税	住民税
⑤配偶者控除	38.0万円	33.0万円	38.0万円	33.0万円	48.0万円	38.0万円
⑥基礎控除	48.0万円	43.0万円	48.0万円	43.0万円	48.0万円	43.0万円
⑦課税所得（＝③−④−⑤−⑥）※	39.5万円	49.5万円	17.7万円	27.7万円	12.8万円	27.8万円
⑧税率	5％	10％	5％	10％	5％	10％
⑨税額：所得割（＝⑦×⑧）※	2.0万円	4.5万円	0.9万円	2.3万円	0.7万円	2.3万円
⑩税額：均等割	――――	0.5万円		0.5万円		0.5万円
⑪手取り額（＝①−④−⑨−⑩）	206.1万円		210.1万円		215.4万円	

（注）　図表４-６の前提条件に基づき試算

〈基礎年金のみモデル（年額80万円）：2022年度〉

	60〜64歳		65〜74歳		75歳〜	
①年金収入（年額）	80.0万円		80.0万円		80.0万円	
②公的年金等控除額	60.0万円		110.0万円		110.0万円	
③合計所得金額（＝①−②）	20.0万円		0.0万円		0.0万円	
④社会保険料控除	5.6万円		6.0万円		4.1万円	
国民健康保険料	5.6万円		3.3万円		――――	
介護保険料	――――		2.7万円		2.7万円	
後期高齢者医療保険料					1.4万円	
	所得税	住民税	所得税	住民税	所得税	住民税
⑤配偶者控除	38.0万円	33.0万円	38.0万円	33.0万円	48.0万円	38.0万円
⑥基礎控除	48.0万円	43.0万円	48.0万円	43.0万円	48.0万円	43.0万円
⑦課税所得（＝③−④−⑤−⑥）※	0.0万円	0.0万円	0.0万円	0.0万円	0.0万円	0.0万円
⑧税率	5％	10％	5％	10％	5％	10％
⑨税額：所得割（＝⑦×⑧）※	0.0万円	0.0万円	0.0万円	0.0万円	0.0万円	0.0万円
⑩税額：均等割	――――	0.0万円		0.0万円		0.0万円
⑪手取り額（＝①−④−⑨−⑩）	74.4万円		74.0万円		75.9万円	

（注）　図表４-６の前提条件に基づき試算

厚生年金モデル（名目額240万円）の手取り額は，60〜64歳で206.1万円，65〜74歳で210.1万円，75歳以上で215.4万円となります。名目額と比べた減少幅は，60〜64歳で14.1％，65〜74歳で12.5％，75歳以上で10.2％となります。

②　基礎年金のみモデル（年額80万円）の場合

　一方，基礎年金のみモデル（名目額80万円）の手取り額は，60〜64歳で74.4万円，65〜74歳で74.0万円，75歳以上で75.9万円となります。名目額と比べた減少幅は，60〜64歳で7.1％，65〜74歳で7.5％，75歳以上で5.1％となります。基礎年金モデルは名目上の年金額が低く，住民税の非課税基準や社会保険料の減免基準が適用されるケースが多くなるため，手取り額の減少幅は厚生年金モデルよりも小さくなる傾向にあります。

(3)　繰下げ受給の総受給額逆転時期の試算（名目vs手取り）

　今回の試算では，図表４−６および図表４−７の前提条件に基づき，厚生年金モデル（年額240万円）および基礎年金のみモデル（年額80万円）の受給者を想定し，東京都新宿区における2022（令和４）年度の住民税および社会保険料の計算式に基づいて，手取り額および総受給額逆転時期を試算しました（図表４−８と図表４−９）。

①　厚生年金モデル（年額240万円）の場合

　まず名目額で比較すると，70歳繰下げ受給は81歳11か月で，75歳繰下げ受給は86歳11か月で，65歳受給開始をそれぞれ追い抜く計算になります。名目額における総受給額逆転時期は，年金額の多寡を問わず11歳11か月後になります。また，60歳繰上げ受給は，80歳11か月で65歳受給開始に追い抜かれる計算になります。

　一方，手取り額で比較すると総受給額逆転時期はどうなるでしょうか。

図表 4 − 8　繰下げ受給の総受給額逆転時期：厚生年金モデル（年額240万円）

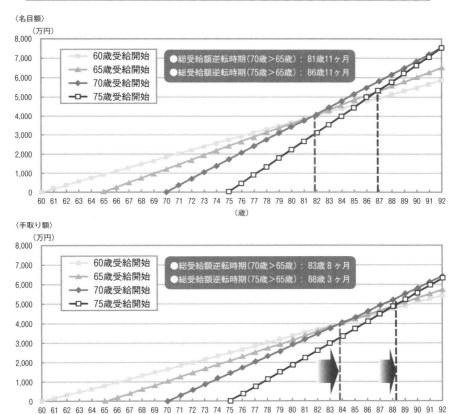

〈名目額〉

（万円）

60歳受給開始	●総受給額逆転時期（70歳＞65歳）：81歳11ヶ月
65歳受給開始	●総受給額逆転時期（75歳＞65歳）：86歳11ヶ月
70歳受給開始	
75歳受給開始	

（歳）

〈手取り額〉

（万円）

60歳受給開始	●総受給額逆転時期（70歳＞65歳）：83歳 8 ヶ月
65歳受給開始	●総受給額逆転時期（75歳＞65歳）：88歳 3 ヶ月
70歳受給開始	
75歳受給開始	

（歳）

（注）　図表 4 − 6 の前提条件および図表 4 − 7 の手取り額に基づき試算

厚生年金モデル（名目額240万円）の場合，手取り額は210.1万円となり，名目額に比べて12.5％減少します。70歳まで繰り下げた場合の手取り額は286.3万円（名目額に比べて16.0％減少），75歳まで繰り下げた場合の手取り額は373.9万円（同15.3％減少）になります。繰下げによる実質的な増額率は，70歳まで繰り下げた場合は36.3％，75歳まで繰り下げた場合は78.0

％となり，名目上の増額率（70歳繰下げ受給は42.0％，75歳繰下げ受給は84.0％）をそれぞれ下回ります。

そして，手取り額における総受給額逆転時期は，70歳繰下げ受給では83歳8か月で，75歳繰下げ受給では88歳3か月で，65歳受給開始をそれぞれ追い抜く計算になります。つまり，手取り額で見た繰下げ受給の総受給額逆転時期は名目額よりも1〜2年後方にシフトする計算になります。

② 基礎年金のみモデル（年額80万円）の場合

名目額における総受給額逆転時期は，70歳繰下げ受給では81歳11か月で，75歳繰下げ受給では86歳11か月で，65歳受給開始をそれぞれ追い抜く計算になります。また，60歳繰上げ受給では80歳11か月で65歳受給開始に追い抜かれる計算になります。名目額の総受給額逆転時期はいずれも厚生年金モデル（年額240万円）と同一です。

ところが，手取り額で比較すると，様相は一変します。名目上の年金収入が低くなると，住民税の非課税基準や社会保険料の減免基準が適用されるケースが多くなるため，手取り額の減少幅が小さくなる傾向にあります。

基礎年金のみモデル（名目額80万円）の場合，手取り額は74万円となり，名目額に比べて7.5％の減少に留まります。70歳まで繰り下げた場合の手取り額は107.6万円（名目額に比べて5.3％減少），75歳まで繰り下げた場合の手取り額は140.8万円（同4.3％減少）になります。繰下げによる実質的な増額率は，70歳まで繰り下げた場合は45.4％，75歳まで繰り下げた場合は90.3％となり，名目上の増額率（70歳繰下げ受給は42.0％，75歳繰下げ受給は84.0％）を上回る結果となります。

そして，手取り額における総受給額逆転時期は，70歳繰下げ受給では81歳1か月で，75歳繰下げ受給では86歳5か月で，65歳受給開始をそれぞれ追い抜き，名目額よりも半年から1年ほど前方にシフトする計算になります。

図表４−９　繰下げ受給の総受給額逆転時期：基礎年金モデル（年額80万円）

〈名目額〉

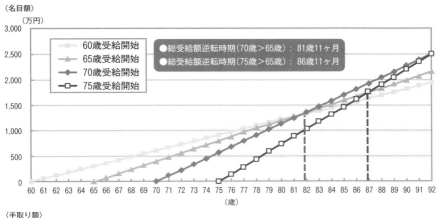

〈手取り額〉

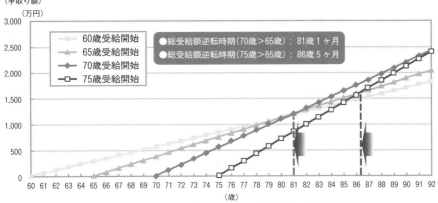

（注）　図表４−６の前提条件および図表４−７の手取り額に基づき試算

③　その他の年金額による試算

　繰下げ受給による総受給額逆転時期を，上記①および②以外の年金額で試算すると，図表４−10のとおりとなります。一般的には，名目額が高くなると，総受給額逆転時期は後方にシフトする傾向にあるものの，１〜３年程度の後方シフトであれば繰下げ受給は十分に魅力的であると著者は考

えます。また，名目額が低くなるほど，総受給額逆転時期は逆に前方にシフトする傾向にあります。これは，自営業者やフリーランスなど，**公的年金の給付額が少ない受給者ほど繰下げの恩恵をより享受できる**ことを意味します。

図表 4-10　繰下げ受給による総受給額逆転時期（年金額の水準別）

年金額	受給開始年齢	名目額		手取り額		総受給額逆転時期の差（②−①）
		年金額（増加率）	①総受給額逆転時期	年金額（増加率）	②総受給額逆転時期	
240万円	65歳	240.0万円（―）	―――	210.1万円（―）	―――	―――
	70歳	340.8万円（42%）	81歳11ヶ月	286.3万円（36.3%）	83歳8ヶ月	＋1年9ヶ月
	75歳	441.6万円（84%）	86歳11ヶ月	373.9万円（78.0%）	88歳3ヶ月	＋1年4ヶ月
200万円	65歳	200.0万円（―）	―――	185.0万円（―）	―――	―――
	70歳	284.0万円（42%）	81歳11ヶ月	242.0万円（30.8%）	85歳8ヶ月	＋3年9ヶ月
	75歳	368.0万円（84%）	86歳11ヶ月	315.2万円（70.3%）	89歳7ヶ月	＋2年8ヶ月
175万円	65歳	175.0万円（―）	―――	162.4万円（―）	―――	―――
	70歳	248.5万円（42%）	81歳11ヶ月	216.6万円（33.4%）	84歳8ヶ月	＋2年9ヶ月
	75歳	322.0万円（84%）	86歳11ヶ月	277.6万円（70.9%）	89歳6ヶ月	＋2年7ヶ月
150万円	65歳	150.0万円（―）	―――	141.7万円（―）	―――	―――
	70歳	213.0万円（42%）	81歳11ヶ月	192.9万円（36.1%）	83歳8ヶ月	＋1年9ヶ月
	75歳	276.0万円（84%）	86歳11ヶ月	242.3万円（71.0%）	89歳5ヶ月	＋2年6ヶ月
125万円	65歳	125.0万円（―）	―――	116.7万円（―）	―――	―――
	70歳	177.5万円（42%）	81歳11ヶ月	164.7万円（41.1%）	82歳0ヶ月	＋0年1ヶ月
	75歳	230.0万円（84%）	86歳11ヶ月	208.4万円（78.6%）	88歳1ヶ月	＋1年2ヶ月
100万円	65歳	100.0万円（―）	―――	94.0万円（―）	―――	―――
	70歳	142.0万円（42%）	81歳11ヶ月	133.7万円（42.2%）	81歳11ヶ月	±0年0ヶ月
	75歳	184.0万円（84%）	86歳11ヶ月	173.7万円（84.9%）	87歳1ヶ月	＋0年2ヶ月
80万円	65歳	80.0万円（―）	―――	74.0万円（―）	―――	―――
	70歳	113.6万円（42%）	81歳11ヶ月	107.6万円（45.4%）	81歳1ヶ月	▲0年10ヶ月
	75歳	147.2万円（84%）	86歳11ヶ月	140.8万円（90.3%）	86歳5ヶ月	▲0年6ヶ月

（注）　図表4-6の前提条件および図表4-7の手取り額に基づき試算

5　繰下げ受給に関する代表的な誤解・曲解

　さて，繰下げ受給については，新聞，テレビ，週刊誌等ででたらめな議論が横行しています。本節では，その代表的な誤解・曲解を3つ取り上げます。

誤解①　上限年齢の拡大は「支給開始年齢引上げ」への布石!?

　公的年金の繰下げ受給は，2022年4月から上限年齢が70歳から75歳に拡大されましたが，これを受けて「繰下げ受給の上限年齢の70歳から75歳への拡大は，法定上の支給開始年齢である65歳を，70歳あるいはそれ以上の年齢に引上げるための布石ではないか」という主張があります。

　しかし，繰上げによる減額率および繰下げによる増額率は，**年金財政上中立になるよう設定**されており，この観点から，2022年4月の改正では繰上げに伴う減額率も5％から4％に緩和されています。もし支給開始年齢の引上げを行わねばならないほど公的年金の財政が危機的な状況ならば，繰上げ受給の減額率を緩和することはまず考えられません。また，支給開始年齢の引上げは，これから年金を受給する将来世代にしか影響が及ばず，世代間格差をむしろ拡大させてしまいます。

　なお，日本の公的年金にはマクロ経済スライドが導入されており，もはや支給開始年齢の引上げを行わなくても給付額を調整できるしくみが構築されています。マクロ経済スライドは，既裁定者（すでに年金を受給している者）の給付額も調整可能であるほか，人口動態や経済状況の改善によってはプラスの調整（＝年金額の増加）の可能性がある点において，支給開始年齢の引上げよりもはるかに優れたしくみです。

誤解②　年金額が増えると税・社会保険料の負担も増える!?

　次に，「年金額が増えると税・社会保険料の負担も増える」という主張があります。年金額が増えるということは，収入あるいは所得が増えることを意味するため，税・社会保険料の負担は当然ながら増えます。しかし，**年金額が増えるほど，税・社会保険料を控除した「手取り額」もまた確実に増える**ことは，本章第4節の試算で示したとおりです。

　また，本書を手に取っている読者の皆さまは，会社員であれば給料を，自営業であれば事業収入や報酬を受け取って生計を立てていることと思いますが，例えば，「来月から給料や報酬をアップしますよ」と言われたら，喜んで受け入れますよね？「いや，報酬が増えると税金が増えるからお断りします」とか「社会保険料の負担が増えるから，一生初任給のままでいいです」なんてことは決して言わないはずです。**賃上げは諸手を挙げて歓迎するのに，年金の増額になると途端に手取り額に固執する**のは，理解に苦しむところです。

誤解③　利用されていないのは制度に欠陥があるから!?

　最後に，「繰下げ受給が利用されていないのは，制度に欠陥があるからだ」という主張があります。この点については，本書の97ページですでに解説したとおりです。

　現在の年金受給者は，特別支給の老齢厚生年金（特老厚）が受給可能な世代であり，**繰下げ受給をするために年金受給をいったんやめることは，人間の行動習性として非常に難しい**と言わざるを得ません。しかし，この状況は，特別支給の老齢厚生年金が廃止され，老齢厚生年金の65歳受給開始が標準化する2026年4月（女性の場合は2031年4月）以降から順次解消するものと考えられます。

［図表4-11　繰下げ受給に関する常識・非常識］

誤解① **上限年齢の拡大は支給開始年齢引上げへの布石!?**

⇒繰上げ率・繰下げ率は年金財政上中立になるよう設定

⇒支給開始年齢を引上げなくても，マクロ経済スライドで給付額を調整可能

誤解② **年金額が増えると税・社会保険料の負担も増える!?**

⇒税・社会保険料の負担は増えるが，手取り額も確実に増える（逆進的ではない）

⇒給料や顧問料のUPは喜ぶのに，なぜ年金になると損得に固執するのか

誤解③ **利用されていないのは制度に欠陥があるから!?**

⇒「特別支給の老齢厚生年金」がある間は利用は進まない

⇒本格的な利用は，2026年4月以降になるものと予想

6 公的年金は「保険」であり「土台」である

　繰下げ受給にもメリット・デメリットそれぞれあります。しかし，「人生100年時代」と呼ばれる長寿社会が到来しつつある局面では，繰下げ受給は実に有効な選択肢です。WPPモデルでは，公的年金は人生の「抑えの切り札」と位置づけており，<u>リリーフエースの登板はなるべく終盤まで温存</u>することを基本戦略にしています。

　一方で，繰下げ受給には「受け取る前に死んでしまったら『払い損』だ」との批判が常につきまといます。この批判に対する回答としては，年金相談の現場から生まれた<u>「繰下げて後悔するのはあの世，繰上げて後悔するのはこの世」</u>という格言を紹介しておきます。どちらも後悔することに変わりはありませんが，経済的な深刻さを伴うのは，繰上げ受給で年金額が少なくなったのに意図せず長生きしてしまった場合です。

繰下げて後悔するのは「あの世」

繰上げて後悔するのは「この世」

　老後生活設計で終身給付（終身年金）の役割が重要なのは，**人間はいつまで生きるか（あるいはいつ死ぬか）誰にもわからない**からです。その意味では，全国民（オールジャパン）で保険者集団を構成して長生きリスクに備える公的年金保険の役割は重要ですし，老後の支出のすべてを賄うのは難しいにしても，**基礎的な生計費を賄う「土台」としての役割**は健在です。そして，公的年金という土台があるからこそ，老後生活費のすべてを独力で準備する必要はなく，足りない部分のみを自助努力で補えば済むのです。公的年金という土台だけに老後生活のすべてを依存するのも，公的年金という土台を無視してすべてを自助努力で賄おうとするのも，**どちらもだい無理な話**です。

　いずれにせよ，繰下げするか否かの判断に迷ったら，**公的年金は長生きリスクに備える保険である**という基本原則に立ち返りましょう。

公的年金は土台である

　本章では公的年金の繰下げ受給を中心に解説しましたが，ここでは，公的年金の「繰上げ受給」について解説します。

繰上げ受給のしくみ

　繰上げ受給とは，法定上の支給開始年齢である65歳から公的年金を受け取るのではなく，60歳以上65歳未満の間の請求した時点から受給開始するしくみです。繰上げ時期は月単位で指定でき，1月繰り上げるごとに年金額は0.4％減額されます。60歳まで最大5年間繰上げした場合の減額率は24％（＝0.4％×12か月×5年）です。

繰上げ受給のメリット・デメリット

　繰上げ受給のメリットは，早くから年金を受け取れることに尽きます。年金額は繰上げ期間に応じて減額されるものの，公的年金は終身給付なので，一度受け取り始めたら亡くなるまで受け取り続けられます。

　一方，65歳よりも早く年金を受給開始できる代わりに，減額された年金額が一生涯続きます。いったん繰上げ受給を選択してしまうと，二度と変更できません。60歳から受給開始した場合と65歳から受給開始した場合を比較すると，名目額では80歳11か月で総受給額が逆転する計算になります。

ライフプランの変化に柔軟に対応できない

　繰上げ受給には，金額の減額以外にも，次の点に注意する必要があります。総じて言うと，配偶者の死亡や障害など，ライフプランの変化に柔軟に対応できないのがネックです。

・減額された年金額が生涯にわたり適用される

・「加給年金」「振替加算」は繰上げの対象外
・「障害年金」「遺族年金（60歳代前半）」「寡婦年金」は併給不可
・国民年金への任意加入および国民年金保険料の追納は不可
・iDeCoへの加入は不可（加入していても資格喪失する）
・老齢基礎年金と老齢厚生年金の繰上げは同時（別々の設定は不可）

iDeCoにも加入できなくなる!?

　2022年 5 月から個人型確定拠出年金（iDeCo）の加入可能要件が見直され，最大で65歳未満まで加入可能となります。このため，「公的年金を繰上げ受給して年金額が減ったとしても，そのぶんiDeCoでカバーすればよい」と考えている方がいるかもしれません。

　しかし，iDeCoに加入できるのは「国民年金の被保険者」に限られています。繰上げ受給を選択すると，被保険者から受給者になるため，iDeCoには加入できなくなります。すでにiDeCoに加入していた場合も，繰上げ受給を開始した時点でiDeCoの加入資格を喪失します。**60歳以降もiDeCoに加入したいなら繰上げ受給すべきではない**との結論になります。

＊　＊　＊

　以上，繰上げ受給は，早期に受給開始できるメリットはあるものの，減額された年金額が一生涯続くうえ，ライフプランの変化に柔軟に対応できない弊害のほうがむしろ大きいと考えます。個人的には，繰上げ受給の選択をお勧めするのは，65歳になるまでに医師から「余命いくばくもない」と宣告された場合くらいではないかと考えます。

第4章の復習

① 次の空欄に当てはまる言葉は何でしょうか。

公的年金は [　　　　　　] リスクに備える保険である。

② 公的年金の繰下げ受給の特徴には，どのようなものが
あるでしょうか。次のキーワードを用いて説明してみま
しょう。

年金額の増加，請求手続，1961年生まれ

③ 公的年金の繰下げ受給の効果が，繰下げ時期と手取り
額によってどのように変わるか確認しましょう。

116

第5章

シン・私的年金等の受給Plan

―――「年金」か「一時金」か ―――

1 「中継ぎ投手陣」の特徴を把握する

　本章では，WPPモデルにおける真ん中のP，すなわち第2章で解説した私的年金等（企業年金・個人年金・退職金・貯蓄etc）の受取方法について さらに詳しく解説するとともに，私的年金の受取方法で最大の争点である年金（分割形式）・一時金（一括形式）の選択についても言及します。

　私的年金等の制度設計は，制度・企業・金融機関によって多種多様であることはすでに述べましたが，同様に，受取方法の選択肢も制度・企業・金融機関によって千差万別です。

　そのため，勤務先の制度や，これから加入しようとしている制度・手段・金融商品等ではどのような受取り方・取崩し方が可能なのかを把握しておくことは，WPPモデルでは非常に重要です。例えるなら，投手陣の特徴・持ち球・癖などをすべて把握して，ブルペンで試合展開を見守りながら，どの投手を登板させるかを監督に進言するという投手コーチとしての素養が求められます。

2　私的年金等の受取方法の詳細

(1)　中退共・特退共

　中小企業退職金共済（中退共）および特定退職金共済（特退共）は退職金制度の一環であり，<u>一時払い（一時金）が原則</u>です。退職金は「基本退職金」と「付加退職金」の２本建てで，基本退職金には予定運用利回り１％が付利されるほか，運用収入の状況等によって厚生労働大臣が定める支給率による付加退職金が加算されます。

図表 5 - 1　中退共・特退共の受取方法

受取方法の選択肢		年金（分割払い），一時金（一時払い），年金と一時金の併用（併用払い）
年金	受給要件	■退職日において60歳以上 ■５年分割は退職金額80万円以上，10年分割は退職金額150万円以上
	受給開始時期	60歳以上
	受給期間	確定年金（５年または10年）
	受取回数	年４回（２・５・８・11月）※該当月の15日
	給付利率	予定運用利回り：年１％　　　※運用収入等に応じて厚生労働大臣の定める率を加算
一時金		■加入期間12月以上の者に支給 （12月～23月の場合は掛金納付総額を下回る額を支給，24月～42月の場合は掛金相当額を支給，43月以上になると運用利息および付加退職金を加算）
年金と一時金の併用		■退職日において60歳以上 ■５年分割は退職金額100万円以上 （かつ分割払い80万円以上，一時払い20万円以上） 10年分割は退職金額170万円以上 （かつ分割払い150万円以上，一時払い20万円以上）
その他		死亡時に死亡一時金を支給

また，退職金の額が一定規模を超える場合は，**分割払い（年金）**あるいは**一時払いと分割払いの併用（併用払い）**も選択可能です。分割受取は，5年確定年金または10年確定年金から選択できます。

(2)　確定給付企業年金

　確定給付企業年金の年金給付（老齢給付金）は，法令上は「終身または5年以上」とされていますが，**実態としては確定年金が主流**であり，終身年金の導入率は3割程度とされています。**予定利率は2％台が主流**であり，低金利・マイナス金利の環境下では魅力的な水準であると言えます。ただし，年金受給開始後に企業の経営が悪化すると，給付減額あるいは制度廃止に見舞われるリスクもあります。

　また，確定給付企業年金では，規約の定めにより**老齢給付金の全部または一部を「選択一時金」として受給**することができます。選択一時金の額

図表 5 - 2　確定給付企業年金の受取方法

受取方法の選択肢		年金（老齢給付金），一時金（選択一時金・脱退一時金），年金と一時金の併用
年金	受給要件	加入期間20年以上
	受給開始時期	①60歳以上70歳以下の規約で定める年齢に到達した時 ②50歳以上①歳に到達した日以後に退職した時 ※企業等により異なる
	受給期間	■終身年金（保証期間付き（5〜20年）が主流） ■有期年金・確定年金（5〜20年）　※企業等により異なる
	受取回数	企業等により異なる（金額によって年1回〜6回）
	給付利率	企業等により異なる（現在は2％台が主流）
一時金		■老齢給付金：年金の受給要件と同様（終身年金は保証期間部分がある場合） ■脱退一時金：加入期間3年以上の者に支給
年金と一時金の併用		企業等により異なる（選択肢を設けるのが主流（例：25％・50％・75％など））
その他		遺族給付金（任意）および障害給付金（任意）を実施可能

は年金原資（保証期間付き終身年金の場合は保証期間部分の年金原資）を上回らない範囲とされています。いったん年金受給を選択した場合であっても，支給開始から5年を経過したら年金原資の残額を一括で受給することができます。このほか，加入期間3年以上20年未満で**中途退職した場合は「脱退一時金」が支給**されます。

(3)　確定拠出年金（企業型DC・iDeCo）

　確定拠出年金（企業型DC・iDeCo）で終身年金，有期年金および確定年金を選択するためには，**年金給付用の保険商品が商品ラインナップにあることが条件**となります。一方，**分割取崩は商品ラインナップにかかわらず選択可能**ですが，企業あるいは運営管理機関によっては受取期間の指定方法などが異なる場合があります。分割取崩は，資産運用を行いながら年

図表5-3　確定拠出年金（企業型DC・iDeCo）の受取方法

受取方法の選択肢		年金（老齢給付金），一時金（老齢給付金・脱退一時金），年金と一時金の併用
年金	受給要件	原則60歳以降
	受給開始時期	60～75歳（通算加入者等期間の長さによる制約あり）
	受給期間	■終身年金（保証期間付き（5～20年）が主流，該当する運用商品を選択） ■有期年金・確定年金（5～20年，該当する運用商品を選択） ■分割取崩年金（5～20年） ※企業・金融機関・運用商品等により異なる
	受取回数	企業・金融機関・運用商品等により異なる
	給付利率	■分割取崩年金：運用実績により変動 ■終身年金・有期年金・確定年金：運用商品等により異なる（0.01～0.1％台が主流）
一時金		■老齢給付金：原則60歳以降に支給 ■脱退一時金：一定の要件を満たした者に支給
年金と一時金の併用		企業・金融機関・運用商品等により異なる
その他		死亡一時金または障害給付金を実施

金資産を取り崩すため，給付額は運用実績によって増減します。

　また，確定拠出年金でも，老齢給付金の全部または一部を一時金として受給することが可能です。ただし，運営管理機関によっては，一時金の選択割合の指定方法（例：10％単位で指定，25％刻みで選択etc）が異なるほか，そもそも併給を選択できない場合もあります。

　いずれにせよ，確定拠出年金は**資産運用も給付も商品ラインナップに拠るところが大きい**と言えます。

(4) 国民年金基金

　国民年金基金は，国民年金の第1号被保険者（自営業者等）のための上

図表 5 - 4　国民年金基金の受取方法

受取方法の選択肢		年金（老齢給付金），遺族一時金
年金	受給要件	65歳（または60歳）に達した時
	受給開始時期	65歳（A・B型，Ⅰ・Ⅱ型）または60歳（Ⅲ～Ⅴ型）
	受給期間	■A型：終身年金（15年保証期間付き） ■B型：終身年金（保証期間なし） ■Ⅰ型：15年確定年金（65歳支給開始） ■Ⅱ型：10年確定年金（65歳支給開始） ■Ⅲ型：15年確定年金（65歳支給開始） ■Ⅳ型：10年確定年金（65歳支給開始） ■Ⅴ型：5年確定年金（65歳支給開始） ※1　1口目は終身年金から選択，2口目以降は確定年金も選択可能 ※2　全体で「終身年金の年金額≧確定年金の年金額」とすること
	受取回数	■年金額12万円以上：年6回（2・4・6・8・10・12月） ■年金額12万円未満：年1回（偶数月のいずれか）　※いずれも該当月の15日
	給付利率	予定利率：年1.5％
一時金		———————
年金と一時金の併用		———————
その他		死亡時に遺族一時金を支給

乗せ給付を行う目的で創設されたため，**年金受取（それも終身年金）が原則**となっています。

　給付のタイプは7種類（終身年金2種類（A型・B型），確定年金5種類（Ⅰ〜Ⅴ型））ありますが，**1口目は終身年金から選択**する必要があるほか，2口目以降で確定年金を選択する際も**確定年金の年金額が終身年金の年金額を上回ってはならない**という制約があります。

　また，上記の趣旨により，年金に代えての一時金の選択はできません。唯一の例外は，受給者本人が死亡した際に遺族に対して支払われる遺族一時金のみです。

(5)　小規模企業共済

　小規模企業共済では，共済金B（65歳以上で掛金を180月以上払い込ん

図表 5 - 5　小規模企業共済の受取方法

受取方法の選択肢		年金（分割受取），一時金（一括受取），一括受取と分割受取の併用
年金	受給要件	■共済事由が生じた時点で60歳以上 ■共済金の額が300万円以上
	受給開始時期	65歳
	受給期間	確定年金（10年または15年）
	受取回数	年6回（1・3・5・7・9・11月）※いずれも該当月の15日
	給付利率	予定運用利回り：年1.5% 　　　　※運用収入等に応じて経済産業大臣の定める率を加算
一時金		■共済金B：65歳以上で掛金を180月以上払い込んだ者に支給 ■解約手当金：加入期間12月以上の者に支給 　（12月〜239月の場合は掛金納付総額を下回る額を支給，240月〜245月の場合は掛金相当額を支給，246月以上になると運用利息および付加退職金を加算）
年金と一時金の併用		■共済事由が生じた時点で60歳以上 ■共済金の額が330万円以上
その他		死亡時に共済金Aを支給（分割受取または併用を選択可）

だ者に支給）が老齢給付に相当します。共済金Bは一括受取が原則ですが，一定の要件を満たせば**分割受取（年金）**あるいは**一括受取と分割受取の併用**も選択可能です。

　分割受取は，10年確定年金または15年確定年金から選択でき，受取回数は年6回（奇数月）です。

(6)　財形年金貯蓄

　財形年金貯蓄は**年金での受取が原則**で，解約や年金支払以外の払出し等による一時金給付は遡及課税等の対象となります。受給期間は5年以上20年以内（生命保険契約の場合は終身も選択可）で，その他の要件は貯蓄商品等により異なります。

図表5-6　財形年金貯蓄の受取方法

受取方法の選択肢		年金
年金	受給要件	■60歳以上 ■積立終了から年金支払開始までの据置期間が5年以内
	受給開始時期	60歳以上
	受給期間	■有期年金・確定年金（5～20年） ■終身年金（生命保険契約のみ可能）※貯蓄商品等により異なる
	受取回数	貯蓄商品等により異なる（金額によって年1～12回）
	給付利率	貯蓄商品等により異なる
一時金		■任意解約または年金支払以外の払出（遡及課税等の対象） ■災害等の一定の事由による解約（非課税）
年金と一時金の併用		───────────
その他		死亡時は相続人により解約

(7)　個人年金保険など

　個人年金保険（拠出型企業年金保険，グループ保険，労働組合が提供する年金共済etc）の受取方法には特段制約はないため，**契約次第でさまざまな受取方法が可能**です。

　また，制度・商品によっては，公的年金のように繰上げ受給や繰下げ受給を行うことも可能です。繰下げ受給を行うと，受給開始までの据え置き期間中に予定利率が付利されるため年金資産は増加し，年金額もそのぶん増えるのが一般的です。

　なお，加入する個人年金保険が個人年金保険料控除の適用を受けるためには，下記の要件をすべて満たす必要があります。

● 年金受取人が契約者（保険料払込者）またはその配偶者であること。
● 保険料払込期間が10年以上あること。
● 60歳以降に支給開始する10年以上の定期または終身の年金であること。

図表5-7　個人年金保険等の受取方法

受取方法の選択肢		年金，一時金，年金と一時金の併用
年金	受給要件	保険商品等により異なる（特段の制約なし）
	受給開始時期	保険商品等により異なる（60歳以上が主流）
	受給期間	■終身年金（保証期間付きが主流） ■有期年金・確定年金　　　　　※保険商品等により異なる
	受取回数	保険商品等により異なる（特段の制約なし）
	給付利率	保険商品等により異なる（1％台前半が主流）
一時金		保険商品等により異なる（特段の制約なし）
年金と一時金の併用		保険商品等により異なる（特段の制約なし）
その他		死亡時は死亡保険金を支給

3 年金（分割形式）と一時金（一括形式）の選択

(1) わが国の私的年金における一時金受給の状況

　企業年金の年金受給資格者における年金・一時金の選択状況を制度別にみると（**図表5－8**），確定給付企業年金では68％が全額一時金での受給を選択，年金との併用を含めると受給資格者の4分の3が一時金を選択している計算になります。

　確定拠出年金（企業型DC・iDeCo）では，一時金を選択する傾向がより顕著に表れています。確定拠出年金では給付時の手数料を加入者が負担するのが通例であるため，受取の都度手数料負担が発生する年金よりも，一回の手数料負担で済む一時金が選択されているものと考えられます。

図表5－8　企業年金等における年金・一時金の選択状況

		一時金で受給	年金・一時金の併用	年金で受給
確定給付企業年金		68％	8％	24％
確定拠出年金	企業型DC	94％	1％	5％
	iDeCo	89％	1％	10％

（出所）　第1回社会保障審議会企業年金・個人年金部会（2019年2月22日開催）資料1「企業年金・個人年金制度の現状等について」p.24

(2) 一時金が選択される理由

　企業年金において年金（分割形式）受取ではなく一時金（一括形式）が選択される理由については諸説あります。「非常時のための手元資金の確保」や「住宅ローンの返済」などの要因が指摘されていますが，最大の要因とされるのが，年金と一時金の税制上の取扱いの差異です。

　第2章（⇒66ページ）で解説したように，企業年金から支給される一時金は退職所得として扱われ，①退職所得控除，②2分の1平準化措置，③分離課税，という3つの手厚い税制優遇措置が講じられるため，マネー雑誌やファイナンシャルプランナーの間では「一時金を選択したほうが有利」との論調が幅を利かせているのが現状です。

　しかし，実際のところはどうなのでしょうか？

　年金と一時金を単純に比較すると，給付利率相当分の利息が付利されるぶん，年金を選択したほうが受取総額は増加します。しかし，公的年金の存在を考慮すると，企業年金も年金として受給すると**合計の年金収入が増加し課税所得および税率が高くなる**ため，年金を選択したほうが不利になる傾向にあります。さらに，名目額（額面）ではなく税・社会保険料控除後の「手取り額」で比較すると，年金が不利になる傾向はさらに強まります。

　もっとも，この手の比較検証は，後述する前提条件の置き方次第で計算結果が大きく変わるため，**一概に「一時金が有利」「年金が不利」と断言するのは適切ではありません。**

(3)　年金・一時金の選択のポイント

　年金・一時金の選択のポイントは，税制上の取扱いの差異以外にもさまざまな要素があります。主要なものをまとめると**図表5－9**のとおりとなります。

①　ライフプラン

　ライフプランの観点からみると，年金を選択することで**生活資金の計画的な取崩し**が可能になります。一方，一時金を選択するメリットとしては，**多額の資金ニーズへの対応**が挙げられます。例えば，住宅ローンの返済や

子・孫への援助といった使いみちがあり，かつ他の手段による資金準備が難しい場合は，企業年金では一時金を選択するのも1つの方法ではあります。

②　収益性

収益性の観点からみると，年金（とりわけ確定給付企業年金）の場合は**制度の給付利率**，一時金の場合は**受取後の運用手段（金融商品等）の期待運用利回り**との比較検討になります。

現在の確定給付企業年金の給付利率は2％台前半が主流です。かつてのように5.5％が当たり前だった時代に比べると見劣りしますが，低金利・マイナス金利環境下の現在では，相対的には魅力的な水準だと言えます。確定拠出年金は，前述のとおり受取の都度手数料が発生するため，手数料負担だけを考慮すると，年金よりも一時金に軍配を上げざるを得ません。

③　安全性・信用リスク

確定給付企業年金における年金受給は，一定の給付利率が付利されるものの，年金受給開始後に企業の経営状況が悪化すると，給付減額や制度の終了・廃止に直面するリスクがあります。

その点，企業型DCは掛金が従業員の個人口座に拠出された段階でその権利は従業員個人に帰属するため，企業の経営悪化等により年金資産が毀損するリスクはありません。

一方，一時金を選択した場合は，「受取後の資金をどう管理・運用するか」という新たな問題に直面します。一時金の預金先，投資先あるいは運用委託先が万が一破綻した場合は，資産の毀損や換金・引出しに時間を要する等のトラブルに見舞われます。さらに，一時金で受け取った後に無駄遣いしてしまわないように注意する必要もあります。

図表5-9　年金・一時金の選択のポイント

	年　　金	一　時　金
税　制	■公的年金等控除の対象 ■他の所得と合算して課税	■退職所得控除の対象 ■他の所得とは分離して課税
ライフプラン	計画的な取崩しによる受取	多額の資金ニーズに対応 （住宅ローン等の返済etc）
収益性	■給付利率（DBの場合） ■期待運用利回り（DCの場合）	■預金の金利 ■金融商品等の期待運用利回り
安全性	受給開始後に母体企業の経営状況の悪化等により給付減額されるリスク（DBの場合）	■受取後に費消するリスク ■受取後に盗難されるリスク
信用リスク	企業年金または母体企業の破綻リスク	受取後に購入する金融機関の破綻リスク

4 企業年金の制度設計を踏まえた年金・一時金の選択

　企業年金における年金・一時金の選択の議論では，前節のような伝統的なファイナンシャル・プランニングに基づく視点だけで有利・不利を論じるのは適切ではありません。なぜなら，企業年金の制度設計は，**企業あるいは基金の数だけ多岐にわたる**からです。よって，年金・一時金の選択に際しては，次に掲げるポイントも踏まえる必要があります。

(1)　終身年金があるなら利用しない手はない

　わが国の企業年金では年金よりも一時金が選択される傾向にありますが，一方で，**終身年金と一時金の選択だと年金選択割合が増える**との調査結果があります。2004年の年金総合研究センター（現：年金シニアプラン総合研究機構）の調査によると，終身年金と一時金の選択においては，「全て一時金で受給」が17.6％なのに対し，「全て年金で受給」は12.7％，「年金と一時金を併用」は46.8％という結果になっています。また，**企業年金の終身年金は「保証期間付き」が通例**なので，年金受給開始後にいざ多額の出費が必要になっても，保証期間が経過する前であれば一時金を選択することが可能です。

　なお，わが国の確定給付企業年金および確定拠出年金では，終身年金はあまり普及していません。逆に言えば，**終身年金を導入している企業年金は希少性の高い「お宝年金」**であり，退職時に多額の出費をする必要がないのであれば，せっかくの終身年金という選択肢を利用しない手はありません。

(2)　「一部選択」の活用方法

　わが国の企業年金の多くは退職一時金の全部または一部を切り替えて設立しているため，退職一時金と企業年金を併用している企業はなお多く存在しています。例えば，退職一時金と企業年金から支給される一時金の合計金額が退職所得控除の枠を超過する場合，企業年金では全額を一時金で受給するのではなく**一部のみを一時金で受給する**という対応方法があります（図表5−10）。

　この手法を用いるためには，**企業年金における一時金の選択割合を細かく指定できる設計が望ましい**ですが，一部選択が利用可能な制度の割合はまだ全体の半数程度である点に留意する必要があります。

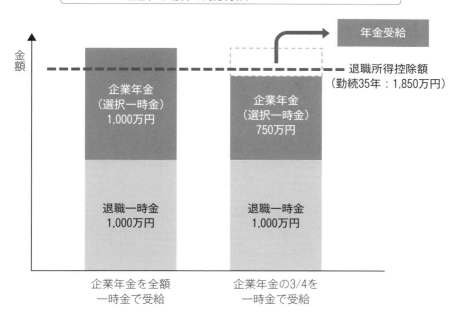

図表5−10　退職一時金と企業年金の合計額が退職所得控除額を超過する場合の対応方法

⑶ 公的年金との受給期間の重複を回避する

　企業年金で年金受給を選択することは，公的年金と相まって安定的な老後収入が確保できるものの，年金収入が増加すると税・社会保険料負担も増加することから，「企業年金で年金を選択するのは不利だ」という声が根強くあります。

　この指摘に対し，著者は，**税・社会保険料の負担が増えても手取り収入は確実に増加するのだから問題ない**と考えますが，とはいえ，この手の負担増を煽るマスメディアの報道を真に受ける方が少なくありません。そこで，年金収入増に伴う税・社会保険料の増加を抑制する観点から，企業年金と公的年金の受給期間の重複をなるべく避ける方法について考察します。

図表5－11　企業年金と公的年金の受給期間の重複の回避（イメージ）

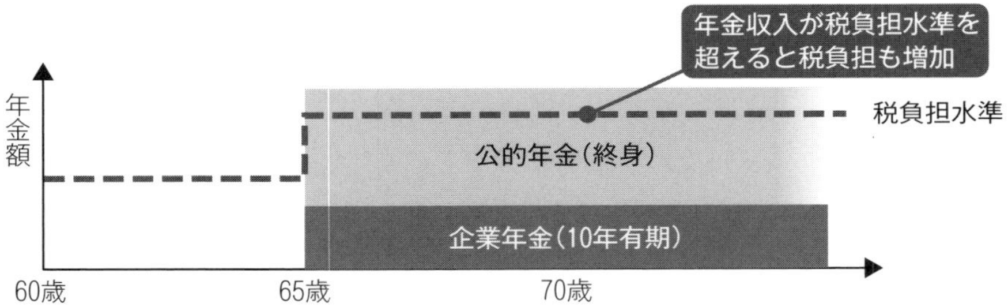

① 企業年金は60代前半で受給してしまう

　公的年金では支給開始年齢の65歳への引上げが徐々に進んでいますが，企業年金では現在も60歳受給が主流となっています。このため，公的年金の受給開始が65歳以降になる方は，**企業年金を60代前半の5年間で受給完了してしまうこと**で，公的年金との受給期間の重複を回避することができます（図表5－12）。

　ただし，企業年金を60歳から5年有期年金で受け取る場合，年当たりの受給額が高くなるほか，60代前半の公的年金等控除額（最低60万円）は65

132

歳以降（最低110万円）よりも低いため，課税される可能性が高くなります。また，定年延長が今後さらに普及して**企業年金の支給開始年齢が65歳以降になるとこの手法は使えなくなる**ことに注意が必要です。

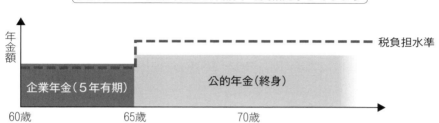

図表 5 － 12　企業年金は60代前半で受給完了してしまう

②　企業年金は「長く＆薄く」受給する

わが国の企業年金は「一時金額」を基に年金額を算定する設計が通例なので，年金原資が同額であれば，**受給期間が長くなるほど年金額が低くなる**関係にあります。つまり，企業年金ではなるべく長い受給期間（20年確定年金あるいは終身年金）を選択することで，公的年金と合わせた年金収入の増加を抑制することが可能です（**図表 5 － 13**）。また，企業年金の受給期間を長くすると，複利効果により年金受給総額は増加します。

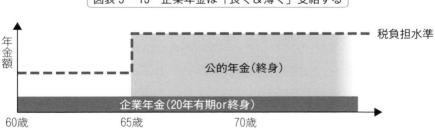

図表 5 － 13　企業年金は「長く＆薄く」受給する

③　公的年金の受給開始時期をずらす（繰下げ受給）

　わが国の公的年金は，法定上の支給開始年齢は65歳ですが，60歳からの繰上げ受給や75歳までの繰下げ受給が可能なため，実態的には，**受給開始年齢は60〜75歳の自由選択制**と称するのが適切です。

　そのため，公的年金の受給開始時期をずらすことで，企業年金の受給期間の重複を回避することが可能です（**図表5－14**）。例えば，公的年金の受給開始を70歳まで繰下げれば，企業年金は「60歳支給開始・10年有期年金」あるいは「65歳支給開始・5年有期年金」で受給することにより，公的年金との受給期間の重複は完全に回避できます。さらに，この方法は，繰下げ受給による「公的年金の給付額の増加」という副次的な効果も得られます。

図表5－14　公的年金の受給開始時期をずらす

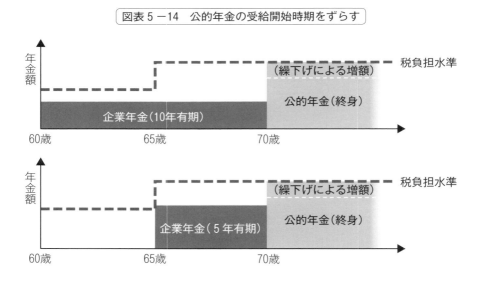

5　年金・一時金の選択に「正解」はない

　企業年金における年金・一時金の選択は，税制上の取扱いの差異や加入している企業年金の給付設計だけでなく，個々の受給者の老後の生活設計や資金ニーズなどさまざまな要素が絡むため，唯一絶対の正解は存在しません。しかし，本章で述べたポイントを踏まえることで，FPやマネー雑誌の受け売りではない，自身のライフプランに則した選択をしていただきたいと願うばかりです。

　と，ここまで年金・一時金の選択についてかなりのページ数を割いてきましたが，実は，WPPモデルの台頭により，私的年金における年金・一時金の選択の重要性は薄れつつあります。なぜなら，WPPモデルにおける私的年金等の役割は，先発（就労延長）と抑え（公的年金）の間をつなぐセットアップ（中継ぎ）ですが，中継ぎであればイニング数は比較的短くて済むため，5年程度のイニングなら年金でも一時金でも大差ないという見方もできてしまうからです。

　とはいえ，より豊かな老後生活を実現するため，先発（就労延長）と抑え（公的年金）との連携・調整したうえで「中継ぎ陣が何イニング凌げばよいか」を早期に確定させ，さらに，企業年金だけでなく退職金，個人年金，NISA，預貯金などの私的年金等による中継ぎ投手陣（真ん中のP）の陣容を整えることが重要です。

　公的年金は，日本年金機構から通知される名目額がそのまま支給されるのではなく，そこから税金（所得税・住民税）や各種の社会保険料を控除した金額が支払われます。ここでは，公的年金から「天引き」される税金および社会保険料のしくみについて解説します。

源泉徴収

　公的年金のうち老齢給付（老齢基礎年金・老齢厚生年金など）は，支払者（日本年金機構）が納税者（年金受給者）に代わり所得税を徴収・納付する「源泉徴収」の対象となります。なお，年金額が一定の水準（65歳未満：108万円，65歳以上：158万円）に満たない場合は，源泉徴収は不要となるものの，この場合，年金受給者が自ら確定申告を行う必要が生じます。

特別徴収

　個人住民税および各種の社会保険料（介護保険料，国民健康保険料（税），後期高齢者医療保険料）は，納税者あるいは被保険者が自ら収める「普通徴収」が原則ですが，一定の要件を満たす場合は，公的年金から天引きする「特別徴収」の対象となります。

　まず，介護保険料は特別徴収が原則であり，受給者本人の希望により普通徴収を選択することはできません。年金額が18万円以上であれば，老齢給付（老齢厚生年金を除く）だけでなく遺族給付や障害給付からも特別徴収を実施します。

　介護保険以外の社会保険料および個人住民税は，介護保険料が特別徴収されていることを前提に特別徴収が行われます。個人住民税は，年金額が18万円以上であれば，65歳から特別徴収の対象となります。また，国民健

康保険料（税）および後期高齢者医療保険料は，受給者本人の希望により普通徴収を選択することも可能であるほか，介護保険料と合算した保険料の金額が年金額の2分の1を超える場合は特別徴収の対象外となります。

　なお，特別徴収は原則として65歳以降から実施されるものであり，65歳未満で支給される公的年金（例：特別支給の老齢厚生年金，繰下げ受給etc）は特別徴収の対象外です。また，**図表5-15**に定める要件に該当しなくなった場合は，特別徴収から普通徴収（納付書・口座振替等）に自動的に変更されます。よって，65歳未満で公的年金を受給する場合や普通徴収に変更された場合は，年金受給者が自ら確定申告あるいは保険料の納付を行わなければなりません。

> **図表5-15　公的年金から「天引き」される税金・社会保険料**

		名称	年齢[※1]	対象となる年金	その他の要件
税金	所得税	源泉徴収	──	老齢給付	● 65歳以上：年金額158万円以上 ● 65歳未満：年金額108万円以上
	個人住民税	特別徴収	65歳以上	老齢給付[※2・3]	● 年金額18万円以上
社会保険料	介護保険料	特別徴収	65歳以上	老齢給付[※2] 障害給付 遺族給付	● 年金額18万円以上 ● 特別徴収が原則 　（本人の希望による普通徴収の 　選択は不可）
	国民健康保険料（税）	特別徴収	65歳以上 75歳未満 （世帯内全員）	同上[※3]	● 本人の希望により普通徴収の 　選択が可能 ● 介護保険料と合算した保険料 　額が年金額の1/2を超える場 　合は，特別徴収の対象外
	後期高齢者医療保険料	特別徴収	原則75歳以上	同上[※3]	● 本人の希望により普通徴収の 　選択が可能 ● 介護保険料と合算した保険料 　額が年金額の1/2を超える場 　合は，特別徴収の対象外

※1　当該年の4月1日時点での年齢による。
※2　老齢基礎年金もしくは旧法制度による老齢・退職年金給付が対象（老齢厚生年金は対象外）。
※3　介護保険料が特別徴収されていることが前提となる。

第 5 章の復習

① わが国の私的年金にはどのようなものがあるでしょうか。それぞれの年金の受取方法と併せて確認しましょう。

② 私的年金における年金か一時金かの選択について，一般に「一時金を選択したほうが有利」といわれる理由は何でしょうか。

③ ②の一方で，私的年金である企業年金が終身年金の場合，年金を選ぶほうが有利となることがあります。それはどのようなメリットがあるからでしょうか。

第**6**章

就労・私的年金・公的年金の継投策
「WPP」とは何か

―― 実 践 編 ――

1 WPPを検討する順番と実践（登板）する順番は異なる

　第1章の冒頭で述べたとおり，WPPモデルの基本形は，①まずは働けるうちはなるべく長く働き（Work longer），②次に私的年金等（Private pensions）が中継ぎ（セットアップ）の役割を務め，③最後は公的年金（Public pensions）が抑えの守護神として締めくくる，というものです。

　しかし，WPPモデルを実践（登板）する際は「就労延長→私的年金等→公的年金」という順番でよいのですが，**検討の際は「就労延長→公的年金→私的年金等」と順序を置き換えて考える**必要があります。なぜなら，先発（就労延長）が何回まで投げるのか，抑え（公的年金）を何回に投入するか，を先に決めてようやく中継ぎ（私的年金等）の登板イニングが確定し，私的年金等で備えるべき範囲が明確になるからです。

実践　　　　①先発　　　　　②中継ぎ　　　　　③抑え

検討　　　　①先発　　　　　③抑え　　　　　②中継ぎ

2 WPPモデルにおける継投プランの検討

(1) 野球よりも柔軟かつ多彩な継投が可能

さて，本書ではこれまでWPPモデルを野球の継投策に例えてきましたが，一口に継投と言っても，<u>ロングリリーフやワンポイントなどさまざまな継投パターン</u>があります。

また，WPPモデルの継投策と野球の継投策には１つだけ大きな違いがあります。それは，野球ではマウンドに送ることができる投手は１人だけですが（しかも打者１人を相手にしないと交代不可），WPPモデルでは**複数の投手を同時に登板させる**ことが可能です。WPPのうち真ん中のP（私的年金等）は，退職金，企業年金，個人年金，預貯金など複数の中継ぎ投手で構成されていますが，彼らを１人ずつ順番に起用する必要はなく，いっぺんに２～３人ほどマウンドに並べて一斉に球を放るといった大胆な起用法がWPPモデルでは可能なのです。

複数人が登板可能！

(2) さまざまな「継投」のバリエーション

図表6-1では，WPPモデルのバリエーションの一例を図示しています。

まずパターン①は，私的年金等による継投を2つの局面に分け，60歳以降の再雇用に伴う給与の減少を確定拠出年金（DC）で補い，65歳から公的年金の受給を開始する70歳までは確定給付企業年金（DB）でつなぐというオーソドックスな継投策です。

パターン②は，企業年金のない自営業者等を想定したものです。60歳以降は就労延長ならびに退職金および貯蓄の取崩しで生活しつつ，貯蓄が底を尽きそうな頃合いを見て67歳から公的年金の受給を前倒ししたケースです。これは，公的年金の繰下げ受給の請求が柔軟だからこそ可能な継投策です。

パターン③は，当初は65〜70歳までの5年分を凌ぐ目的で資産形成をしたところ，想定以上に資産形成が上手く行ったため，公的年金だけでなく私的年金も終身年金で備えたケースです。特筆すべきは，65歳から70歳にかけて個人年金，退職金，貯金の三者を同時に起用している点です。これは野球では実現不可能な継投策です。

最後のパターン④は，先発投手（就労）だけでリリーフエース（公的年金）までバトンをつないだケースです。極端ではありますが，公的年金の受給開始までを就労のみで乗り切ることができれば，中継ぎ（私的年金等）の出番は不要となります。この場合，余裕資金は医療費など臨時的な出費への備えとするのも1つの方法です。

　このように，WPPモデルは個々人のライフプランに応じて，W（就労延長），P（私的年金等），P（公的年金）の**順番，組合せ，イニング数，投入時期などを自由に決定・変更**できる，非常に柔軟性の高いしくみとなっています。

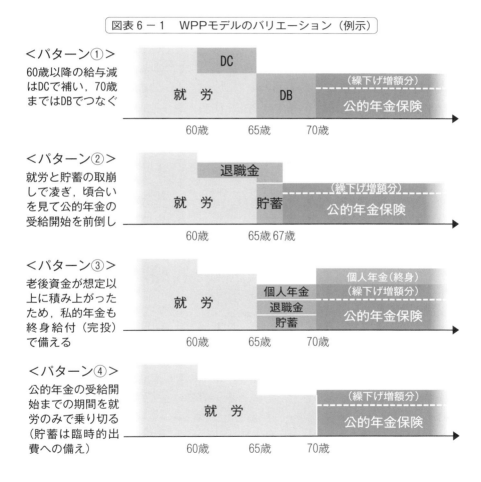

図表6－1　WPPモデルのバリエーション（例示）

<パターン①>
60歳以降の給与減はDCで補い，70歳まではDBでつなぐ

<パターン②>
就労と貯蓄の取崩しで凌ぎ，頃合いを見て公的年金の受給開始を前倒し

<パターン③>
老後資金が想定以上に積み上がったため，私的年金も終身給付（完投）で備える

<パターン④>
公的年金の受給開始までの期間を就労のみで乗り切る（貯蓄は臨時的出費への備え）

3 WPPモデルの効果検証

(1) 月5万円の赤字が発生する家計の収支状況

　収入（公的年金のみ）が月20万円，支出が月25万円の家計において，収入および支出が65歳から99歳まで35年間一定不変で推移したと仮定すると，月当たりの収支差はマイナス5万円，35年間の不足額の累計は2,100万円（＝5万円×12か月×35年）となります（図表6－2）。

　この家計の収支を赤字に陥らせないためには，65歳時点で2,100万円以上の資産を準備するか（図表6－3），公的年金とは別に月5万円以上の定常収入を確保する必要があります。

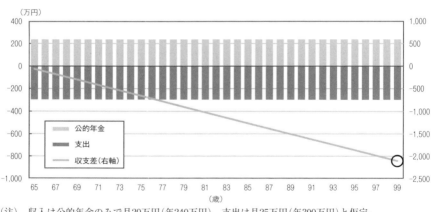

図表6－2　65歳以降の家計収支の推移（資産が無い場合）

（注）　収入は公的年金のみで月20万円（年240万円），支出は月25万円（年300万円）と仮定。

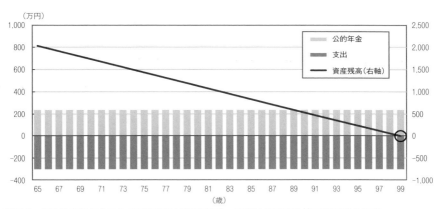

図表6－3　65歳以降の家計収支および資産残高の推移

（注1）　収入は公的年金のみで月20万円（年240万円），支出は月25万円（年300万円）と仮定。
（注2）　期初に2,100万円の資産を保有しているものと仮定。

(2)　公的年金を70歳まで繰り下げた場合の効果

　前述の**図表6－2**では，収入（公的年金のみ）が月20万円，支出が月25万円の家計における収支差（月5万円のマイナス）が35年間続くと，不足額の累計が2,100万円となることがわかりました。

　公的年金の受給開始時期を65歳から70歳に繰下げると（**図表6－4**），年金額が月28.4万円（＝20万円×1.42）となるため収入総額は増加し，家計収支の**不足額の累計は2,100万円から276万円にまで縮小**します。ただし，公的年金の受給を繰下げると65歳から5年間の無収入期間が生じるため，その間の家計収支の不足額は一時的に1,500万円まで膨れ上がります。

　この事態を回避するためには，**65歳時点で1,500万円以上の資産を準備**するか（**図表6－5**），公的年金とは別に月5万円以上の収入を確保する必要があります。

145

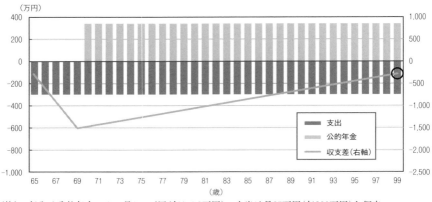

図表6−4　65歳以降の家計収支の推移（公的年金を70歳まで繰下げた場合）

（注）　収入は公的年金のみで月28.4万円（年340.8万円），支出は月25万円（年300万円）と仮定。

図表6−5　65歳以降の家計収支および資産残高の推移
　　　　　（公的年金を70歳まで繰下げた場合）

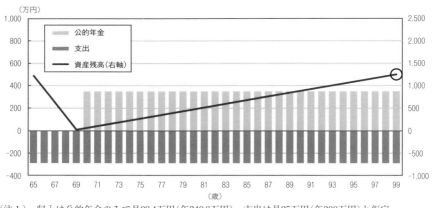

（注1）　収入は公的年金のみで月28.4万円（年340.8万円），支出は月25万円（年300万円）と仮定。
（注2）　期初に1,500万円の資産を保有しているものと仮定。また，利回りは年0％と仮定。

(3)　就労延長と70歳繰下げ受給を組み合わせた場合の効果

　公的年金の繰下げ期間中の支出を賄うための手段として，前出の**図表6－5**では，就労延長を行わない場合，家計収支がマイナスに陥らないためには65歳時点で1,500万円の資金を準備する必要がありました。

　繰下げ期間中に月15万円の就労収入を確保した場合，<u>65歳時点で準備すべき資産残高は600万円にまで減少</u>します（**図表6－6**）。また，繰下げ期間中に支出と同額の就労収入（月25万円）を確保できれば，家計収支は永続的にプラスを確保できるため，<u>65歳時点での資金準備は不要</u>となります（**図表6－7**）。

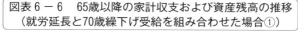

図表6－6　65歳以降の家計収支および資産残高の推移
（就労延長と70歳繰下げ受給を組み合わせた場合①）

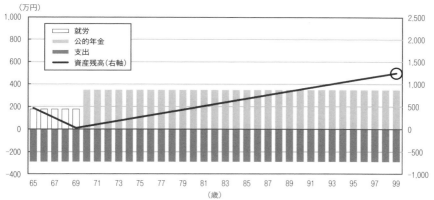

（注1）　収入は就労（65〜69歳まで月15万円（年180万円））および公的年金（70歳以降月28.4万円（年340.8万円）），支出は月25万円（年300万円）と仮定。
（注2）　期初に600万円の資産を保有しているものと仮定。また，利回りは年0％と仮定。

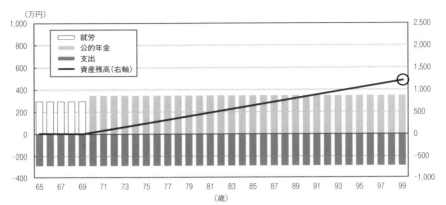

図表 6 － 7　　65歳以降の家計収支および資産残高の推移
（就労延長と70歳繰下げ受給を組み合わせた場合②）

(注 1)　収入は就労(65 ～ 69歳まで月25万円(年300万円))および公的年金(70歳以降月28.4万円
　　　　(年340.8万円))，支出は月25万円(年300万円)と仮定。
(注 2)　期初に資産は保有していないものと仮定。また，利回りは年 0 ％と仮定。

(4)　就労延長と75歳繰下げ受給を組み合わせた場合の効果

　2022年 4 月より，公的年金の受給開始時期の選択肢が拡大され，最大75歳まで繰下げることが可能となりました。65歳から75歳に繰下げると，年金額は月36.8万円（＝20万円×1.84）まで増加します。

　しかし，**公的年金の受給繰下げによる無収入期間が10年にも及ぶため**，その間の家計収支のマイナスを回避するためには，**65歳時点で3,000万円以上の資産を準備**する必要が生じます（**図表 6 － 8** ）。就労を10年延長（65～69歳は月25万円，70～74歳は月15万円）して就労収入を確保したとしても，**65歳時点で600万円以上の資産を準備**しないと家計収支のマイナスを回避できない計算になります（**図表 6 － 9** ）。

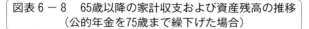

図表 6 － 8　　65歳以降の家計収支および資産残高の推移
（公的年金を75歳まで繰下げた場合）

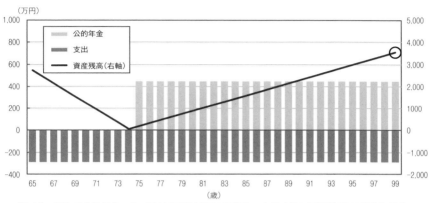

（注１）　収入は公的年金のみで月36.8万円（年441.6万円），支出は月25万円（年300万円）と仮定。
（注２）　期初に3,000万円の資産を保有しているものと仮定。また，利回りは年０％と仮定。

図表 6 － 9　　65歳以降の家計収支および資産残高の推移
（就労延長と75歳繰下げ受給を組み合わせた場合）

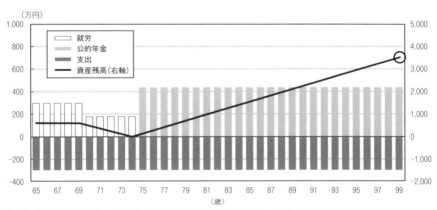

（注１）　収入は就労（65 ～ 69歳まで月25万円（年300万円），70 ～ 74歳まで月15万円（年180万円））および
　　　　　公的年金（75歳以降月36.8万円（年441.6万円）），支出は月25万円（年300万円）と仮定。
（注２）　期初に600万円の資産を保有しているものと仮定。また，利回りは年０％と仮定。

(5) マクロ経済スライドによる給付水準調整の影響を反映した場合の効果

前節までの推計は，公的年金収入の金額を受給開始から100歳まで一定不変との前提条件を置いていました。しかし，わが国の公的年金では，賃金・物価の変動に加えて公的年金被保険者の減少率や平均余命の延びを反映して給付水準を自動調整する「マクロ経済スライド」が2004年に導入されており，今後は，所得代替率が現行の約60％から約50％前後まで中長期的に低下することが見込まれています。

一方で，マクロ経済スライドによる給付水準の調整については誤解が多いのが現状です。最も顕著なのは，所得代替率の減少率（50 ／ 60 − 1 ≒ 16.7％）を年金の実額にそのまま当てはめて「年金額が約2割減少する」という誤解です。

所得代替率は，現役男子の手取り収入に対する年金額の割合を示した相

図表 6 − 10　新規裁定者の年金額の見通し（出生中位・死亡中位）

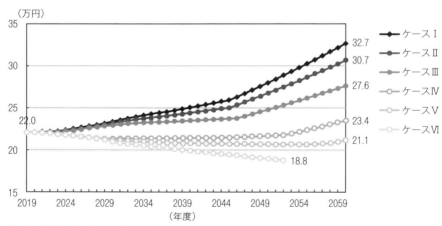

（注1）　年金額（月額）は，各時点の名目額を物価上昇率で2019年度時点に割り戻した実質額。
（注2）　ケースⅣ～Ⅵは，所得代替率が50％を切った後も機械的に給付水準調整を進めた場合の推移。
（注3）　ケースⅥは，国民年金において積立金がなくなり完全な賦課方式に移行する2052年度までの推移。
（出所）　厚生労働省「令和元（2019）年財政検証結果」を基に著者作成

対指標であり，現在見込まれている所得代替率の減少は，分子である年金額の減少よりも分母である現役男子の手取り収入の増加による影響のほうが大きいことが要因です。2019年財政検証における新規裁定者の年金額は，<u>ケースⅥ（実質経済成長率▲0.5％）を除きおおむね横ばいか微増</u>で推移する見通しです（図表 6 －10）。

　また，既裁定者の年金受給後の年金額の見通しをみると，マクロ経済スライドによる給付水準調整の影響は，<u>早期に受給開始する先行世代ほど大きく影響を受けるものの，将来世代への影響は限定的</u>です。

　ケースⅢ（実質経済成長率0.4％）では，受給開始後の年金額の減少幅は先行世代ほど大きく将来世代ほど小さくなっています（図表 6 －11①）。また，1964年度生まれ以降の世代では，35年後（100歳時点）の年金額は増加に転じる見通しとなっています。

　一方，ケースⅤ（実質経済成長率0.0％）では，経済前提を厳しく想定

図表 6 －11①　既裁定者の年金受給後の年金額の見通し（出生中位・死亡中位）

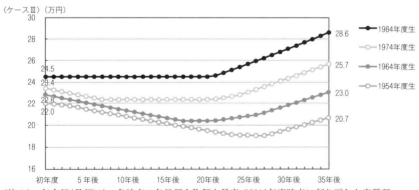

（注 1 ）　年金額(月額)は，各時点の名目額を物価上昇率で2019年度時点に割り戻した実質額。
（注 2 ）　既裁定者の年金は物価上昇率による改定を基準としているが，その時々の新規裁定者の年金水準との乖離幅が 2 割となった場合は，新規裁定者の年金と同じ賃金上昇率により改定することとし，乖離幅が 2 割を超えないようにするとの方針が定められており，財政検証はその方針に準拠して行われている。
（出所）　厚生労働省「令和元(2019)年財政検証関連資料」を基に著者作成

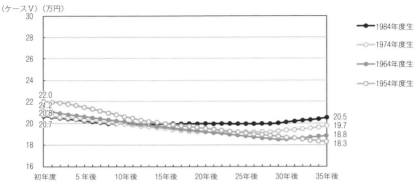

図表 6 － 11②　既裁定者の年金受給後の年金額の見通し（出生中位・死亡中位）

（注1）　年金額（月額）は，各時点の名目額を物価上昇率で2019年度時点に割り戻した実質額。
（注2）　既裁定者の年金は物価上昇率による改定を基準としているが，その時々の新規裁定者の年金水準との乖離幅が2割となった場合は，新規裁定者の年金と同じ賃金上昇率により改定することとし，乖離幅が2割を超えないようにするとの方針が定められており，財政検証はその方針に準拠して行われている。
（出所）　厚生労働省「令和元（2019）年財政検証関連資料」を基に著者作成

しているためどの世代も年金額は減少するものの，それでも減少幅は先行世代ほど大きく将来世代ほど小さくなっています（図表6－11②）。

　以上のとおり，マクロ経済スライドによる給付水準の自動調整は，所得代替率では約2割の減少となるものの，**金額ベース（物価上昇率で割り戻した実質額）での減少幅はおおむね1割程度に留まる**見通しとなっています。経済環境等が前提よりも厳しくなればさらに年金額が目減りするリスクはあるものの，逆に，経済環境等が好調であれば，**年金額の減少幅の抑制ひいては年金額の増加も期待**できます。

　また，所得代替率は，年金財政の中長期的な財政見通しにおいて異時点間の給付水準を比較するための指標としては有効ですが，これを**個人のリタイアメント・プランニングに用いるのは適切ではありません。**リタイアメント・プランニングで重要なのは個々の家計における収支実態の把握で

あり，その観点からは，収入たる年金額と具体的な生活水準を想定した家計支出を実額ベースで比較するほうが簡便かつ実践的です。

(6) マクロ経済スライドによる給付水準調整の影響を反映した場合のWPPモデルの効果

前出の**図表 6 - 2**について，マクロ経済スライドにより収入（公的年金のみ）が月20万円から徐々に減少するというように前提条件を変更すると，家計収支の不足額の累計はケースⅢで2,771万円，ケースⅤで2,877万円となり，いずれも従前（2,100万円）より不足額が増加しました。

しかし，公的年金の繰下げにより生じる無収入期間を就労延長および資産の取崩し等で賄うWPPモデルでは，マクロ経済スライドにより公的年

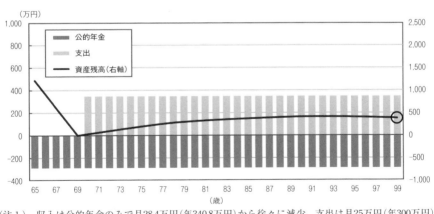

図表 6 - 12　65歳以降の家計収支および資産残高の推移
（公的年金を70歳まで繰下げた場合）

(注1)　収入は公的年金のみで月28.4万円(年340.8万円)から徐々に減少，支出は月25万円(年300万円)と仮定。

(注2)　公的年金の減少率は，2019年財政検証における既裁定者(1954年生まれ)の年金額の見通し(人口前提：出生中位・死亡中位，経済前提：ケースⅤ)に基づく変化率を使用(図表6-11②ケースⅤの1954年生まれの変化率と同じ)。

(注3)　期初に1,500万円の資産を保有しているものと仮定。また，利回りは年0％と仮定。

金収入が目減りするにもかかわらず，**保有資産が枯渇するリスクを相当程度回避**することができます。

　前出の図表6－5から図表6－7についてマクロ経済スライドによる公的年金収入の減少（ケースV）を踏まえて前提条件を変更すると，**図表6－12から図表6－14のとおり**となります。いずれの場合も，資産残高が枯渇することなく安定的に推移する様子がうかがえます。

図表6－13　65歳以降の家計収支および資産残高の推移
（就労延長と70歳繰下げ受給を組み合わせた場合①）

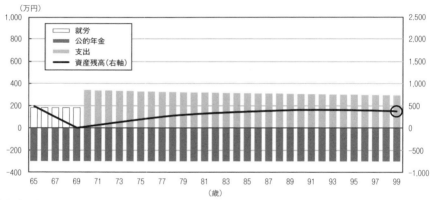

（注1）　収入は就労（65〜69歳まで月15万円（年180万円））および公的年金（70歳以降月28.4万円（年340.8万円）から徐々に減少），支出は月25万円（年300万円）と仮定。

（注2）　公的年金の減少率は，2019年財政検証における既裁定者（1954年生まれ）の年金額の見通し（人口前提：出生中位・死亡中位，経済前提：ケースV）に基づく変化率を使用（図表6－11②ケースVの1954年生まれの変化率と同じ）。

（注3）　期初に600万円の資産を保有しているものと仮定。また，利回りは年0％と仮定。

図表 6 − 14　65歳以降の家計収支および資産残高の推移
（就労延長と70歳繰下げ受給を組み合わせた場合②）

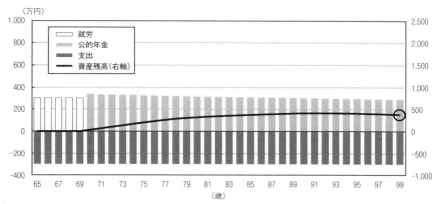

（注 1 ）　収入は就労（65 〜 69歳まで月25万円（年300万円））および公的年金（70歳以降月28.4万円（年340.8万円））から徐々に減少），支出は月25万円（年300万円）と仮定。

（注 2 ）　公的年金の減少率は，2019年財政検証における既裁定者（1954年生まれ）の年金額の見通し（人口前提：出生中位・死亡中位、経済前提：ケースⅤ）に基づく変化率を使用（図表6−11②ケースⅤの1954年生まれの変化率と同じ）。

（注 3 ）　期初に資産は保有していないものと仮定。また，利回りは年 0 ％と仮定。

4 結論——WPPモデルは効果絶大!!

　本章の分析により，公的年金の受給開始時期を繰下げることで無収入期間が生じても，WPPモデル（就労延長および私的年金等）で補うことで資産の枯渇を回避できることが実証されました。

　しかし，この実証結果は，公的年金の繰下げ受給の開始時期をいつにするかによって様相が大きく異なります。例えば，70歳から繰下げ受給する場合は，就労延長等により収入増を図れば，65歳時点で準備すべき資産残高は繰下げ受給を行わない場合よりも少額で済みます。また，繰下げによって公的年金給付が増額されるうえ，当該増額された年金額を終身にわたり受給できることから，繰下げ受給を開始した後はどの条件下においても家計収支がプラスに転じ，かつ100歳までの間に資産残高が枯渇する事態は生じませんでした。

　一方，75歳から繰下げ受給する場合は，70歳から繰下げ受給するよりも無収入期間が長期化するため，65歳時点で準備すべき資産残高は最大で3,000万円に増加しました。現状では，公的年金の給付増の効果と長期化する無収入期間の穴埋めに要するコストを勘案すると，受給開始年齢を75歳まで繰下げることには慎重にならざるを得ません。

　とはいえ，受給開始年齢のいかんを問わず増額された終身給付が家計収支の改善に寄与するWPPモデルは，厚みのある終身給付の確保だけでなく資産寿命の延伸にも効果的であるほか，マクロ経済スライドによる公的年金の給付水準の目減りに対しても頑健（しかも経済前提が厳しいケースＶであっても）であることが確認できました。

Column　WPPモデルに死角はないのか!?

　WPPモデルは，個々人のライフスタイルに応じた自由な組合せが可能です。その理由は，公的年金および私的年金の受給開始時期の柔軟さにあります。2022年4月からは，法改正により公的年金および私的年金の受給開始時期の選択肢がさらに柔軟かつ多様なものとなりました。WPPモデルによる老後への備えは，今後ますますその役割を発揮することが期待されます。

　しかし，WPPモデルにも課題はあります。終身給付たる公的年金を増額するために「あえて手元資金の残高を大きく減らす」という判断は，合理的ですが心理的なハードルは高いと言わざるを得ません。また，個々人の状況に応じた柔軟性の高さは，一方で，意思決定のために多くの情報を要することを意味します。

　WPPモデルを実行に移すためには，意思決定を促すだけの情報提供，シミュレーション，あるいは信頼できる専門家の存在が欠かせません。また，英国で近年開発中の「年金ダッシュボード」のように，公的年金，私的年金，貯蓄，就労など老後のあらゆる収入・支出を包括したアプリケーションの開発・普及が期待されます。

　ともあれ，本章において，WPPモデルの有効性が可視化されました。今後さらなるWPPモデルの普及を期待したいところです。

第6章の復習

① WPPモデルは野球における投手の継投と共通点が多い
です。一方で，野球の継投とは大きく違う点もあります。
その違いは何でしょうか。

② 収入が月20万円，支出が月25万円の家計において，仮
に65歳から99歳まで収支が一定不変だとすると，この家
計の収支を赤字に陥らせないために65歳時点で資産額を
いくら準備する必要があるでしょうか。

③ WPPモデルを実践して公的年金の繰下げ受給を70歳か
らとし，さらに65歳から70歳までに月15万円の就労収入
を確保できた場合，②の条件の家計が65歳までに準備す
べき資産額はいくらになるでしょうか。

おわりに

　本書を最後までお読みいただき，誠にありがとうございます。

　著者は仕事柄，年金や老後をテーマにした書籍や記事を数多く目にしてきましたが，一昔前は，年金破綻や老後不安をとにかく煽るだけの本（そのくせ解決策は一切示さない）や，「じぶん年金を作ろう」と称する怪しげな投資勧誘本（「維新」や「革命」などの言葉を多用するのが特徴）ばかりで，それはひどい有り様でした。近年は風向きが変わりつつあるものの，それでも，年金破綻や老後不安を唱える学者・評論家の言説ほどメディアで大きく取り上げられるのが実態です。

　残念ながら，「未知のものに不安を感じる」あるいは「安心よりも不安に注目してしまう」のが人間の生物としての本能である以上，世の中から年金不安や老後不安の「種」が尽きることはおそらくないでしょう。それを改めて思い知らされたのが，2019年6月3日の金融庁／金融審議会／市場ワーキング・グループの報告書「高齢社会における資産形成・管理」の公表をめぐる騒動でした（⇒25ページ）。同ワーキング・グループの委員には，投信会社の経営者や金融の専門家なども多数名を連ねていましたが，彼らの中には，表向きは「同報告書がこのような誤った形で注目されたのは遺憾だ」と主張している一方で，メディアのインタビューなどで「公的年金だけで生きていけないのは自明の理」だの「老後2,000万円問題が資産形成を後押しした」という発言を平気でしている委員が少なからずいます。これでは，同報告書が「不安を煽って商売をする金融機関の営業トークのようだ」と揶揄されるのも致し方ありません。

　しかし，このような雑音にいくら耳を傾けたところで，事態は何ら進展しません。「現実」を生きる私たちは，好むと好まざるとにかかわらず，やがて到来する「老後」への備えをどのみち余儀なくされます。

　本書は，老後生活や年金制度に不安を覚える方々に対し，誰でも実践で

きる具体的かつ現実的な対策としてWPPモデルを提唱しています。本書15ページでも述べたとおり，WPPの概念は目新しいものではなく，同様の主張は過去にもされています。しかし，過去と現在との最大の違いは，雇用・労働法制および公私の年金制度の相次ぐ改正によって，WPPを実践する環境が格段に整備されたことにあります。WPPモデルを知ることで，老後生活への備えが「何ともならない」ではなく「何とかなりそう」とポジティブに捉えることが可能になります。悲観論は何も生みません。いえ，計画段階では悲観的でもよいのですが，行動するときは楽観的に臨むべきです。

　最後に，書籍刊行の実績が乏しい著者に対し，単独での執筆・刊行の機会を与えてくれた中央経済社の牲川健志氏と一見益男氏には，この場をお借りして厚く御礼申し上げます。

　また，WPP研究会のメンバーである伊藤俊輔氏，井戸美枝氏，大江加代氏，大江英樹氏，高橋義憲氏，竹川美奈子氏，田村正之氏および山崎俊輔氏からは，専門家の視点から有益なアドバイスをいただきました。著者の能力不足によりすべてのアドバイスを反映できなかったのは悔やまれるところですが，ここに記して御礼申し上げます。

　末筆ながら，本書が読者の皆さまの老後生活への不安を解消し，人生を悔いなく全うするための一助となれば，著者としてこれに勝る喜びはございません。

2022年11月吉日

谷内　陽一

【著者紹介】

谷内　陽一（たにうち　よういち）

1973 年北海道生まれ。1997 年明治大学政治経済学部卒業後，厚生年金基金連合会（現：企業年金連合会）入職，約 10 年にわたり記録管理・数理・資産運用等の業務に従事。りそな銀行等を経て，2019 年第一生命入社。

日本年金学会副代表幹事，埼玉学園大学経済経営学部非常勤講師，第一生命経済研究所主席研究員および社会保障審議会臨時委員（企業年金・個人年金部会）を兼任。

社会保険労務士，公益社団法人日本証券アナリスト協会認定アナリスト（CMA），DC アドバイザー，1 級 DC プランナー。

主な著書に『人生 100 年時代の年金制度：歴史的考察と改革への視座』（共著，法律文化社）など。

WPP シン・年金受給戦略

2023年1月10日　第1版第1刷発行

著　者　谷　内　陽　一
発行者　山　本　　　継
発行所　㈱中央経済社
発売元　㈱中央経済グループ
　　　　パブリッシング

〒101-0051　東京都千代田区神田神保町1-31-2
電　話　03（3293）3371（編集代表）
　　　　03（3293）3381（営業代表）
https://www.chuokeizai.co.jp

印　刷／文唱堂印刷㈱
製　本／㈲井上製本所

※頁の「欠落」や「順序違い」などがありましたらお取り替えいた
しますので発売元までご送付ください。（送料小社負担）

ISBN978-4-502-44521-7　C3034